パーフェクトレッスンブック

サッカーGK《ゴールキーパー》の教科書

監修●権田修一（FC東京）

PERFECT LESSON BOOK

実業之日本社

Prologue

はじめに

恐らく、この本を手に取ってくれた人の多くは、ＧＫとして実際にプレーしている選手だと思います。

僕自身、ＧＫというポジションを長くやってきましたが、つくづく感じるのが「正解がない」ということです。この本には僕がＧＫとして大事にしている考え方や技術を載せています。それは、僕自身が試行錯誤してきた中で見つけた、自分なりの「正解」です。

何が正しいかは人それぞれです。この本の内容が合っている人もいるかもしれないですし、もしかしたら自分には合わないという人もいるかもしれません。

だけど、ＧＫというポジションでは、情報をたくさん持ち、グラウンドで試して、合っているかどうかを考えるという作業がとても重要になります。そうすることで、自分なりの「正解」に近づいていけるはずです。

この本が、うまくなりたいと思っている全てのＧＫの選手にとって、何かの助けになればとてもうれしいです。

umbro

Chapter 3 ステップワーク

いつでも、どこにでも動ける体勢でいよう！

Chapter 4 シュートストップ

キャッチするのが最高のプレー！

Chapter 5 クロスボール

Cross Ball

Chapter 6 セットプレー

Set Play

コラム

Chapter 01
ポジショニング
Positioning

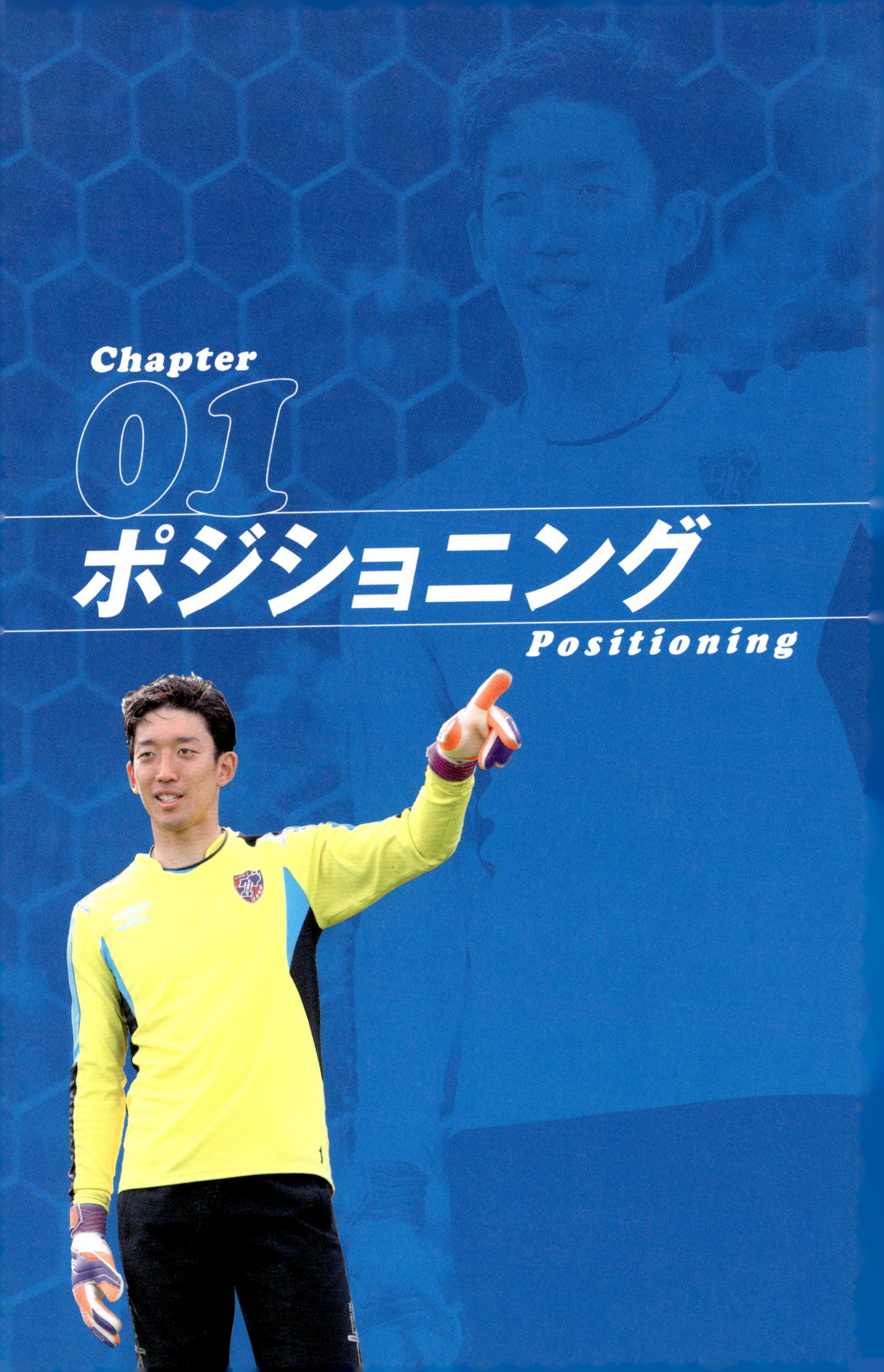

Chapter 1

Positioning

ベストなポジションは常に変化する!

ＧＫの選手にとって、どこにポジションをとるかはとても重要です。なぜなら、ポジショニングとはゴールを守るための〝最初の技術〟だからです。

ＧＫのスーパープレーというと、ジャンプしながら弾いたシーンがよく取り上げられます。そうしたプレーは確かにＧＫの魅力です。でも、〝本当のスーパープレー〟というのは相手にシュートを打たせなかったときだと思います。

ＧＫが最高のポジションをとっていれば、シュートを打たれることすらなく、ピンチを未然に防ぐことができます。スーパープレーにはならなくても、シュートを打たせないというのはＧＫにとって最も安全であり、最も目指すべきプレーです。

ＧＫのポジショニングには「これをやっておけばいい」という〝正解〟はありません。なぜなら、最高のポジションは、90分間、常に変わり続けるものだからです。例えば、「ゴ

ールの中心とボールを結んだ直線上に立つ」というセオリーがありますが、それはあくまでも目安の一つでしかありません。まず、この基本を守ったうえで、ゴールまでの距離、ボールホルダーの利き足、得意なプレー、ボールホルダーへの味方の寄せ方など、さまざまなことを加味したうえで、微調整することがとても重要です。

自分の身長やスピードも考えましょう。１９０センチのGKと１６０センチのGKがとるべきポジションは同じではありません。飛び出しに自信があるのか、自信がないのかといったことも関係します。

僕にとって正しいポジションとは、〝一番ゴールを守れる確率が高いポジション〟。それが、もしかしたら他のGKにとっては不正解であっても問題ありません。自分が一番守れると思ったポジションを見つけるために、常に考え続けること――。

それが良いGKになるための第一歩なのです。

ゴールの中心とボールを結んだ直線上に立つ

ゴールを守るときに、基本となるのが「ゴールの中心とボールを結んだ直線上に立つ」ということです。ゴールの中心とボールを結んだ直線上にポジションをとっていれば、真ん中、左右、どちらに打たれたとしてもバランス良く対処することができます。この基本ができていないと、ニアやファーが大きく空いてしまって、相手にとってシュートを決めやすい状態になってしまいます。

試合中、ボールは一定の場所にあるわけではなく、常に動き続けています。ですから、ボールの移動に合わせて、こまめにポジションを修正することを心掛けて下さい。

ＧＫはボールが飛んでこないときは何もしなくていいわけではありません。大事なのは、いつシュートが飛んで来ても大丈夫なように、常に最善の準備をしておくこと。それがＧＫにとっての仕事なのです。

権田 POINT

限りなく正しいけど……

ゴールの中心とボールを結んだ直線上に立つことはGKにとって基本中の基本です。ただし、これが絶対的な正解ではありません。正しいポジションというのは相手の利き足、ボールを持っている選手への味方の寄せ具合、自分のサイズなどによって細かく変わります。どこに立てば、最もゴールを止められるかを考えましょう。

カラダの向きで プレッシャーは変わる！

シューターにとって、コースが空いているように見えるのか、コースが空いていないように見えるのかは心理面で大きな違いがあります。コースが空いているように見えれば余裕を持ってシュートを打たれてしまいます。コースが空いていないように見えたときは、「良いところを狙わなければいけない」とプレッシャーがかかるので外しやすくなります。シューターに与えるプレッシャーは、ちょっとしたカラダの向きによって変わるということを覚えておいて下さい。

シューターから遠いほう（ファー側）の足を一歩前に出すことによって、角度がつくので、シューターからするとコースが狭くなったように感じるのです。

本当に数十センチのポジショニングの違いでゴールを守れるか、守れないかは変わってくるのです。

権田POINT

コースを狭く感じさせる

カラダの向きもポジショニングでは重要です。ゴールから遠いほうにある足を前に出すことで、シューターからはファーサイドのコースが狭くなったように見えます。また、ファーサイドに打たれたとしても、正しいカラダの向きをとっていれば、飛んで来るボールに対してより早いタイミングで触れるので、セーブできる確率も上がります。

外側の足が前に出ている

外側の足が前に出ていない

ＤＦの寄せ方を見極める!

ニアのシュートに比重を置いて準備する

味方のＤＦがしっかり寄せている

味方のＤＦがシューターに対してしっかり寄せています。ファーサイドのコースに立っているので、ＧＫはニアに打たれるシュートに対して重心的に準備します。ただし、シュートと見せかけて切り返したり、ＤＦの股を通してファーに打ってきたりすることもあるので警戒は必要です。

権田POINT

ＤＦと役割分担する

ＤＦの選手との信頼関係が大事になってきます。ＤＦがファーのコースに打たれないように寄せているときは、そのメッセージを感じてニアへのシュートを止めやすいポジションをとりましょう。

味方のＤＦがあまり寄せていない

味方のＤＦがシューターにプレッシャーをかけられていないときは、ニアにもファーにもシュートを打たれる可能性があります。このときのポジショニングはプレッシャーがかかっている場合よりも、半歩分ファー側にポジションをとって、シューターにコースが空いていないと思わせます。

どちらに打たれても良いように準備する

ポジショニング④ Positioning 04

自分の立ち位置は目印で確認する

前方のものを目印にする

今、自分がどこに立っているかを確認するためには、できるだけ自分の前方にあるものを目印にします。首を振って自分の後ろにあるゴールを見ると、その間はボールから目を離すことになってしまいます。相手のゴールや、ＰＫマークなどから自分の立ち位置を把握できるようにしましょう。

相手のゴールやＰＫマークが目印になる

権田POINT

首を振らずに確認できるように

ＧＫを始めたばかりの頃は、プレー中に自分がどこに立っているのかわからなくなることがあると思います。そのようなときでも、できるだけ首を振らずに、周りにある目印を活用する習慣をつけましょう。

首を振って立ち位置を確認する

首を振るときは最小限の動作で

首を振るタイミングは、パスを回しているときなど、シュートを打たれる可能性が低いときです。シュートレンジで相手がボールを持っているときに、ボールから目を離すのは危険です。大きく首を振らずに自分の立ち位置を確認するには、ペナルティーエリアのラインや、コーナーフラッグなども活用しましょう。

相手の利き足でポジショニングを変える!

シューターにカラダを向ける

ファーのコースを狭くする

右ナナメからのシュートの場面、右利きのキッカーの場合はストレートの軌道でファーもしくはニアに打ってくる確率が高い。そのときは、シューターから見て遠いほうの足を前に出して、ファーのコースを狭くして、プレッシャーを与えます。

権田POINT

得意なシュートをインプットする

そのシューターがどんなタイプなのかによってもポジションを微調整しましょう。テクニカルなタイプなのか、パワーがあるタイプなのか。試合中のプレーや相手のビデオを見て、得意なシュートを分析して頭に入れておきます。

シューターが左利きの場合

ファーのシュートに比重を置く

ファーに行ける準備をする

同じ場面で左利きのキッカーの場合は、カーブをかけてファーサイドを狙って来る可能性があります。右足のキッカーのときと同じように、ゴールから遠いほうの足を前に出していると、ファーに打たれたときの反応が一歩遅れます。

column

コーチングの説得力は普段の振る舞いから生まれる

権田修一のコーチング論 1

「ＧＫの声は神の声」とも言われるように、ピッチ最後尾から全体を見渡せるＧＫのコーチングはとても重要です。

だからといって、ＧＫが声を出せば、味方の選手が無条件で従ってくれるかというと、そうではありません。

例えば、ＧＫの選手が普段の練習でちゃらんぽらんにやっていて、日常生活でもだらしなかったら、どうでしょうか。そんな人間に言われたことを、素直に聞きたいと思えるでしょうか。

集中して練習できていない選手に「集中しろよ」と声をかけられても、説得力がありません。そうなると、もはやそれはコーチングではありません。なぜなら、声は出していたとしても、相手に伝わっていないのですから。

ＧＫにとって声を出して、味方を動かすのはとても重要な仕事です。その仕事をしっかりと行うためにも、発する言葉だけでなく、普段の振る舞いから積み重ねていかなければいけません。

練習から集中して取り組んでいて、危ない場面ではカラダを張って、顔面に当たってもいいから必死に止めようとする――。

そういう姿を見せれば、「あれだけやっているやつの言葉だったら聞こう」となるはずです。

Chapter

02 構え方

Stance

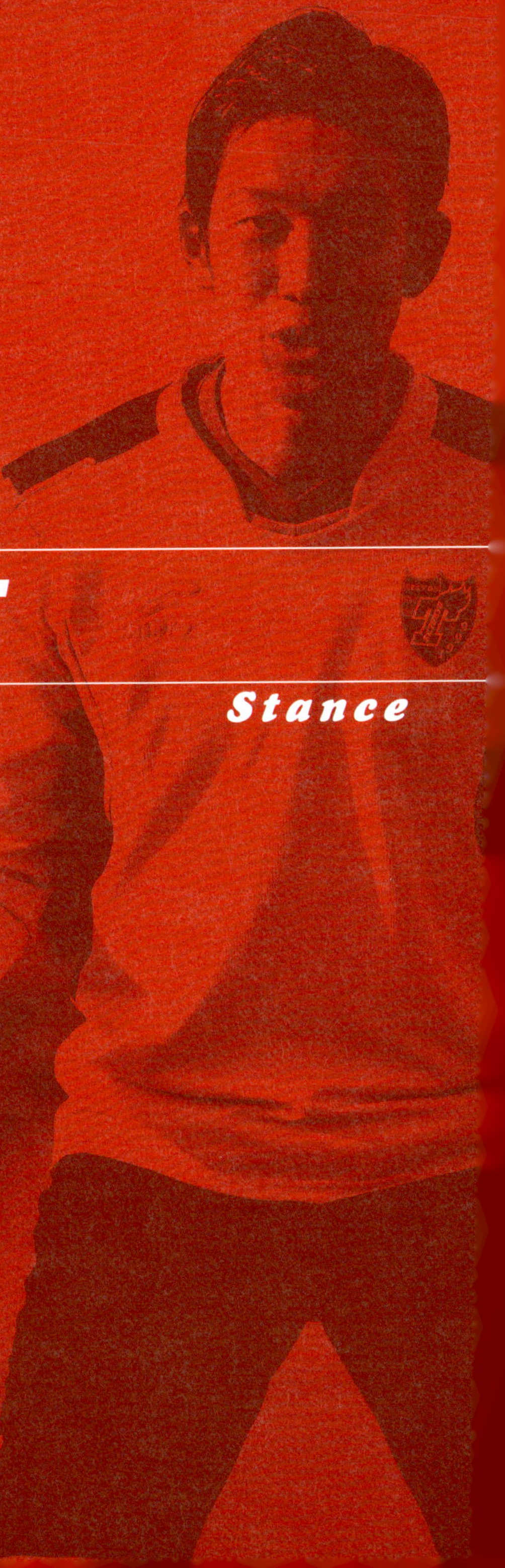

Chapter 2

Stance

一番ゴールを守れるベストな構え方を見つけよう!

構え方には、そのＧＫの特徴がよく表れます。世界的なＧＫの選手を見ても、構え方というのは一つではありません。腰を落として構える選手もいれば、まっすぐに立ったまま構える選手もいる。つまり、ベストな構え方というのは、その選手の特徴に合わせて変わります。

この本では僕が考える構え方を紹介していますが、誤解を恐れずに言えば、それが誰にでも当てはまるわけではありません。

大事なのは構え方ではなく、「どうすればシュートを止められるか」ということです。目標とするＧＫの構え方を参考にするのは良いことですが、それが自分に合っていなければ意味がない。

だから、練習や試合の中で、どうやって構えたときが一番守れるかを考えながら、自分なりのベストな構え方を作り上げていってほしいなと思っています。

ちょっとした構え方の違いで相手選手に与

える印象は大きく変わります。シューターからすれば、ＧＫが小さく見えればシュートを打つときに余裕が持てますし、逆に大きく見えれば余裕がなくなるのでシュートを決めづらくなる。

相手にとって大きく見えるか小さく見えるかを分けるのは、本当にちょっとしたところ——体重の掛け方、カラダの向き、手の置き方だったりします。ちょっとしたところを突き詰めていく作業を繰り返すことで、自分が守りやすいベストな構え方が見つかっていくはずです。

背が低いＧＫだったら、実際のサイズ以上に自分のカラダを大きく見せる工夫が必要になるかもしれません。背が高いＧＫだったら、そのアドバンテージを生かす構え方をする。正解がないところが、ＧＫの面白さでもあると思います。

構え方が決まった後でも、試合や練習で試しながら、〝アップデート〟していきましょう。

常に構えている必要はない

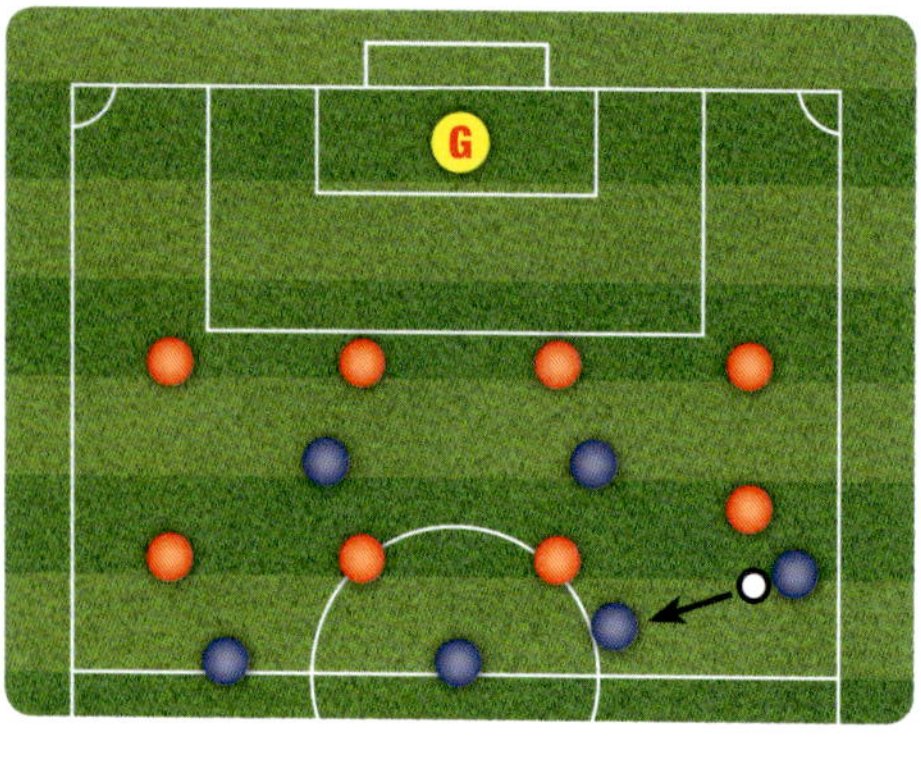

いつでも動けるように

相手がボールを持っていても、ゴールまでの距離が遠いときや、パスを回しているときに構える必要はありません。むしろ、いつでも動けるように、足を動かしやすい姿勢でいることを心掛けることで、何かがあったときに対応しやすくなります。

権田POINT

ずっと構えている必要はない

ボールを持った選手がドリブルしているときや、ゴールに背を向けているときに、ずっと構えている必要はありません。ただし、構えない＝気を抜くではないので、いつ打たれても反応できるようにしておきます。

「構え過ぎない」ことがポイント

構えるタイミングは、ゴールまで30メートル前後を目安に、シュートを打てる距離に入ったとき。ただし、ガチガチに構えてしまうと、前に行く、横に飛ぶなどの動作がしづらくなります。適度にリラックスし、「構え過ぎない」ことがポイントです。

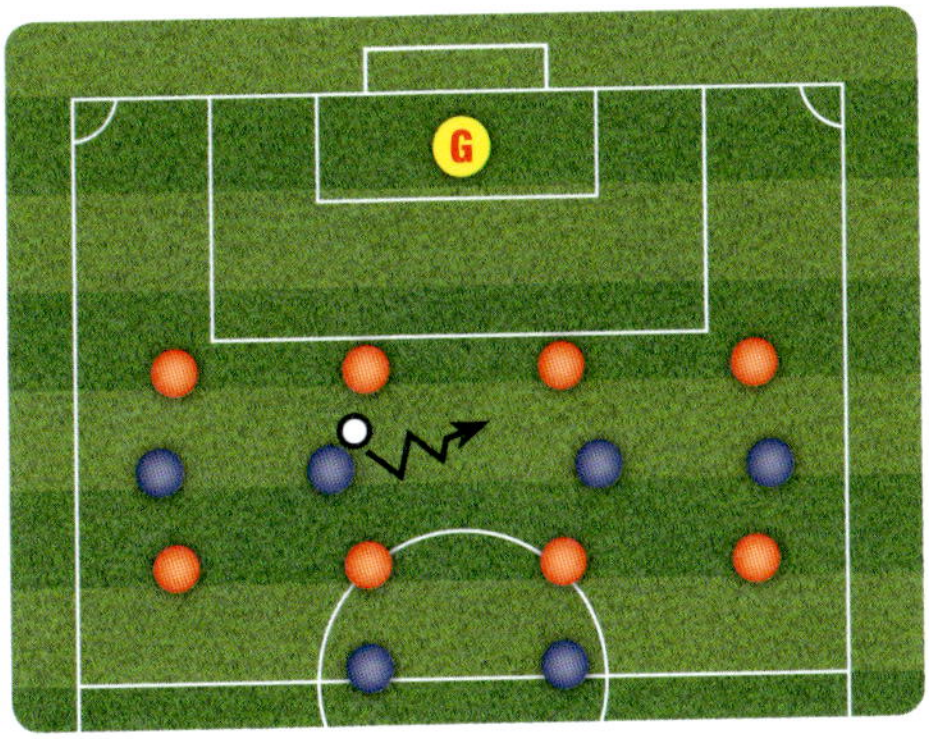

構えで相手にプレッシャーをかける!

僕が構え方で重視しているのは、どこにシュートを打たれたとしても反応できるようにするということ。

例えば、ニアのコースは止められるけど、ファーに打たれたら全く触れないというのでは「良い構え」とは言えません。

GKというのは基本的には「受け身」のポジションです。でも、受け身でありながらも、いかに相手にプレッシャーを与えられるかがとても重要になります。

ポジショニングと同じように、構え方でシュートを打つ選手に対して、「嫌だな」「決まらなさそうだな」と思わせることができれば、その時点で有利な状況になっています。

シュートのコースというのは大きく分けて上、下、右、左のどこか。そのどこにシュートを打たれたとしても、バランス良くボールに触れるように構えをとりましょう。

10

シューターの選択肢を狭める!

REVERSE

GKの構え方というのは一つだけ覚えれば良いというものではありません。至近距離でシュートを打たれるときと、ミドルレンジから打たれるときでは、求められる構え方は変わってきます。

例えば、ペナルティーエリア内に入って来たFWがシュートを打とうとしているときは、通常の構え方ではなく、低い姿勢になってシュートコースにフタをする構え方をする必要があります。

GKにとって大事なのはシュートを打つ選手の選択肢をできるだけ少なくすること。特に、GKと1対1になっている場面で、どこでも、いつでも打てるという状態にしてしまっては、止めることはできません。

その状況に応じた「良い構え」をとることで、相手の選択肢を狭めて、シュートの難易度を上げることが重要です。

10

手の位置はカラダの横

○

カラダの横から手が出ている

構えているときの手の位置はカラダの横あたり。一見すると構えているように見えないほどですが、ＧＫにはシュートを止めるだけでなく、前に出る・飛ぶ・横に動くなどの作業も同時に加わるので、できるだけ動きやすい体勢でいるほうが効率的です。

権田POINT

サッカーは下から上にボールが来る

サッカーはバレーボールやバスケットボールと違って、基本的にボールが地面にあります。ということは、必然的にボールは下から上に飛んで来ることになります。それを考えても、手の位置はカラダの横ぐらいがちょうどいいと思います。

×

手を上げて構えている

　カラダを大きく見せようとして、手を高い位置に上げて構える選手もいます。この構え方では腰よりも低い位置に飛んで来たボールに反応しづらくなりますし、何よりも動きづらいので、とっさの移動などでアクションが遅れてしまいます。

両足でバランス良く体重を支える

構えるときにポイントになるのが、体重をどうやって支えるかです。

基本的には両足でバランス良く立つことを意識しましょう。足の裏の真ん中ぐらいに体重を乗せるようなイメージです。この体勢が、最も動きやすくて、ジャンプ時の踏ん張りなども利くと思っています。

ＧＫは構えているときでも、いろいろな場面を想定して準備しておかなければいけません。スルーパスに対して飛び出すこともあれば、ループシュートを打たれてバックステップしながらセーブすることもあります。もちろん、シュートを打たれることもある。

足が動きやすい、ジャンプしやすい状態を作っておくことによって、どんなことがあっても対処できるようにしておきます。それこそが良いＧＫ、つまり味方に安心感を与えるＧＫの条件だと僕は思っています。

カカトに重心が乗っている、いわゆる後ろ体重の状態では、前に飛び出すときに後ろから前に重心を移動させる時間がかかり、タイムロスにつながります

ツマ先立ちで前のめりになっていると、前への動きには強くなりますが、クロスからヘディングを打たれたときなど、高いボールへの対応が弱くなります

足の幅は広げ過ぎない

○

肩幅ぐらいに軽く開く

　構えているときは、グッと踏ん張るのではなく、肩幅と同じぐらいに両足を開いて、リラックスした状態にすることが大事です。重心がカラダの真下にあれば、横に動くときも、前に出るときも素早くステップを踏みやすく、ジャンプのパワーも出やすくなります。

権田POINT

自分に合った足幅を見つける

人によって背の高さや足の長さなどの体格・骨格は違いますし、自分に合っている足の幅も変わってきます。大事なのはベストな構え方を見つけることですから、僕の考え方をマネするだけでなく、どんどんトライして下さい。

足幅が広いとパワーが出ない

肩幅よりも広くとってしまうと、根っこを張ったような状態になるので、いざ動くときにカラダのパワーをうまく出すことができません。また、ステップが踏みづらくなるので、前に飛び出すときに一歩遅れたり、サイドへの移動にもたついたりすることもあります。

腰を落とすとコースが空く

シュートを打つ瞬間まで待つ

ボレーは軌道が読みにくい

浮き球からのシュートは、グラウンダーに比べてボールの軌道が読みにくいので、シュートを打つ瞬間までフラットに構えて待ちます。シューターからすれば、GKが立っているとゴールが狭く見えるので、プレッシャーを与えられます。

権田POINT

フラットな状態で構える

浮き球からのボレーでは強烈なボールが飛んで来ることが予想されるので、反応スピードが重要です。そのためには、ガチガチに構えるのではなく、フラットな状態で構えて、動きやすい状態にしておくことが大事です。

シューターに余裕を与える

浮き球からのシュートは強烈なボールが飛んで来る可能性が高いですが、だからといって腰を低く落として、踏ん張って構える必要はありません。そうすることで、シューターにはゴールが広く見えて、余裕を与えてしまうことになります。

構え過ぎるのは良くない

移動中に股を空けない

構えを崩さず小股でステップ

股抜きシュートを狙われやすいのは、シューターと1対1になっているときです。ドリブルで横にボールが移動したときに、大股でステップすると股が空くので、できるだけ構えを崩さずに、小股でステップすることがポイントです。

権田POINT

シューターとの駆け引き

うまい選手は股を狙っていないようなフリをしながら、こちらが油断した隙を狙っています。そういう選手に対しては、わざと股を空けて狙わせて、素早く閉じて止めるなどの駆け引きを行うこともあります。

大股ステップは股が空く

しっかりと構えを作って守っていても、相手がボールを動かしたときに、それに合わせて大股でステップしてしまうと構えが崩れて、股が空きます。ゴール前ではちょっとした隙が失点につながってしまうので、細心の注意が必要です。

column

言い方を変えるだけで伝わり方が何倍も変わる

権田修一のコーチング論 2

コーチングでは言葉のセレクトがとても重要です。感情に任せて大きな声を出したり、思いつきで指示をしたりしても、味方を動かすことはできません。

ＧＫにとって必要なのはサッカーを知ることです。サッカーにはＦＷ、ボランチ、サイドバック、センターバックなどのポジションがありますが、それぞれに与えられた役割も違えば、考え方も異なります。それを理解して声をかけなければいけません。

例えば、ＦＷは点を取ることが仕事です。ＦＷの選手がシュートを外したときに「また今日も点取れなかったな」と言っても、「そんなことわかってるよ」と思われるだけでしょう。でも、「ああやって打ったけど、俺だったらこうされたら嫌だな」と言えば、納得してもらえるかもしれません。

あるいは、シュートを打たれた後、ＤＦの選手に「もっと寄せろよ！」と言うのではなく、「ニアに打たれたシュートは絶対に止めるから、もっと寄せてファーのコースを消してほしい」と言えば、次からは「ファーにだけは打たせないように頑張って寄せよう」と思ってもらえるはず。

コーチングはあくまでも“人と人のコミュニケーション”です。一方通行になるのではなく、ポジションごとの特性や役割まで考えて、どうすれば一番伝わるかを考えることが重要です。

Chapter

03

ステップワーク

Stepwork

Chapter 3

Stepwork

いつでも、どこにでも動ける体勢でいよう!

正しいポジションをとるために、シュートを防ぐ確率を上げるために――。試合中、GKは常に動き続けています。

僕が考えるステップワークの基本は「いつでも、どこにでも動けるようにすること」。ゴール前は目まぐるしく状況が変わるので、柔軟に対応できるステップワークを身につけましょう。

ステップワークには「普通に走る」、「サイドステップ」、「クロスステップ」と主に3種類ありますが、それぞれ最適な場面は違います。

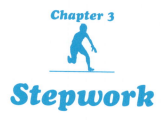

DFラインの背後のスペースのカバーなど、試合中の主な移動では普通に走る。サイドステップはちょっとしたポジション移動のときに。クロスステップは時間がない中で、とっさにカラダの向きを変えたいときに適しています。

GKの場合、フィールドの選手のように、まっすぐに長い距離を走ることはそれほど多

くありません。しかし、スピードをコントロールしながら走ったり、スムーズに方向転換をしたり、さまざまなステップワークが必要とされます。

スルーパスを通されて、DFが裏をとられ、GKが飛び出さなければいけなくなったら、FWの先手を取って、ボールにアタックしなければいけません。

ファーサイドにクロスを上げられたら、カラダの方向を素早く変えつつ、シュートに対応できるポジションをとることが求められます。

ニアに速いボールが入って来たら、ボールのコースに入って触らせないようにすることが重要です。

目の前の状況に応じたステップワークをすぐに判断し、実行できるようになることが大事です。ちょっとした足の運び方の違いが、シュートを止められるか止められないかの差になるのです。

目線が上下にグラグラしないようにする

ボールから目を離さない

移動中に心掛けてほしいのは「目線を上下にグラグラさせない」こと。なぜなら、GKにとって重要なのは速く走ることではなく、「ゴールを守る」ことだからです。

GKが移動している間もボールは常に動いています。遠くにあるからまだ打ってこないと思っていても、突然シュートを打ってくるかもしれない。そのとき、ボールから目を離していたらどうなるでしょうか？ 決定的なピンチになります。

移動中はどうしても上下にカラダが動くので、それに伴って目線の高さも変わります。目線の高さを変えずに移動できるように、普段の練習から意識しましょう。

権田POINT

ステップワークは普段の習慣が大事！

移動中に上下にカラダが揺れると、目線も上に行ったり下に行ったりするので安定しません。移動中は自分の目線の高さが変わっていないかを常に意識しましょう。良い習慣を身につけることが大事です。

ボールから目を切っている

サッカー用語でボールを見ていない状態のことを「ボールから目を切っている」と言います。GKの選手はこの「ボールから目を切っている」状態をできるだけ短くしなければいけません。

いつシュートが飛んで来ても、どこにボールがこぼれても、すぐに対応できるように準備しておくのが良いGKの条件です。

初心者のGKに多いのが、移動中に下を向いてしまうこと。下を向いている間は、もちろん前は見れません。

パッと顔を上げたときに、目の前の状況を認識するまでの時間がかかるので、それによってアクションが遅れる要因になります。

ステップワーク② Stepwork 02

サイドステップでポジションを微調整

短い距離の移動に適している

サイドステップというのは移動する側の足から順番に足を出していくステップのことです。スピードはあまり出ませんが、左右どちらにも行きやすく、短い距離の移動に適しています。

例えば、ペナルティーエリア周辺で相手選手がボールを持って仕掛けているとしましょう。そのときは、ボールを持っている相手にサイドステップでポジションを合わせながら、シュートを打たれたときの準備をします。

サイドステップの間に前に動くことや、ジャンプすることが求められる場面もあるので、「いつでも、どこにでも動ける」ようにしましょう。

クロスステップでカラダの向きを変える

シュートを打たれる前に

クロスステップというのは、移動する側と反対の足をクロスさせるステップのこと。カラダの向きを1歩のステップで変えられるところがメリットですが、カラダがぶれてしまう、ステップの途中で方向転換ができないというデメリットがあります。

クロスステップは足をクロスしているため、その間はシュートに反応しづらい状態なので、シュートを打たれる前に完了しておかなければいけません。

横に移動するだけならサイドステップ、横の移動に加えて、カラダの向きを変えたいときにはクロスステップというふうに正しい使い分けをすることが重要です。

ニアからファーへ スムーズに移動する

1 ○

ニアのコースを消すために外を向いている状態から、ファーに移動したい場面です

2

ファーに近いほうの左足を内側に踏み込んで、「１歩目」にします

3

１歩目からファー側に体重移動ができ、スムーズに走り出せます

ステップの〝ムダ〟を削ぎ落とす

GKの選手は短い距離の移動を繰り返すことが多いので「1歩目」がとても重要です。1歩目を右足、左足のどちらで踏み出すかによって目的地点にたどり着くまでのスピードが変わってしまうからです。

距離にすれば数十センチ、時間にすれば1秒にも満たないかもしれません。でも、そのわずか数十センチ、ゼロコンマ何秒のロスでシュートを止められる、止められないが決まるのがGKというポジションです。

自分のステップに〝ムダ〟がなかったかをチェックして〝ムダ〟があったら徹底的に削ぎ落とすというイメージでやってみて下さい。

△

1

ニアのコースを消すために外を向いている状態から、ファーに移動したい場面です

2

ゴールの外側にファーに遠いほうの右足を踏み込んで、「1歩目」にします

3

1歩目を外側に踏み込んだ分、わずかですが遠回りになってしまいます

シューターとの距離は「小股」で詰める!

権田POINT

大股だと「股抜き」もされやすい

大股でステップすると、踏み込んだ足と残っている足の間の距離が広くなります。つまり、股の間にコースができてしまいます。優秀なストライカーだったら、GKの股が空いた瞬間を見逃さずに打ってきます。

GKのステップワークは、「大股ステップ」ではなく「小股ステップ」にすることを心掛けましょう。どうして「小股ステップ」のほうが良いのでしょうか。

GKがシューターと1対1になった場面を例に説明します。

1歩の移動距離が長い大股ステップでは、地面から足が離れる時間が長くなります。どちらかの足が浮いている状態で、シュートが飛んで来た場合、GKは反応することができません。

1歩の移動距離が短い小股ステップでは、地面から足が離れている時間は短くなります。シュートを打たれたときに、すぐに反応する準備ができるので、大股ステップに比べて止められる確率は高くなります。

GKにとって重要なのは「速く移動すること」ではなく「ゴールを守ること」です。

スルーパスは先手を取って飛び出す!

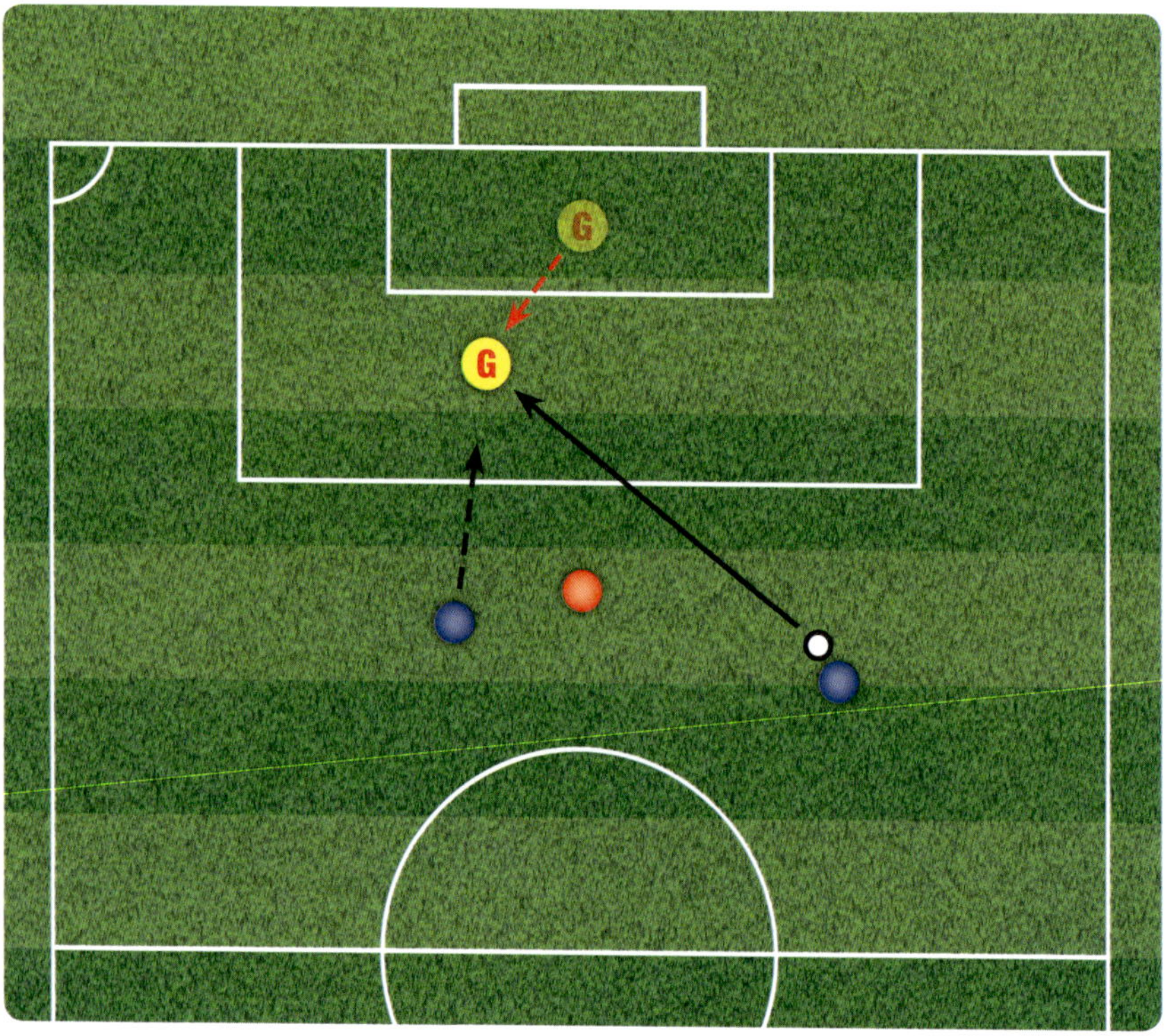

迷ったときは出ないほうがいい

DFラインの背後にスルーパスが出て、FWが走り込んでいる——。素早く前に出てボールを押さえればピンチを未然に防ぐことができます。

ここで大事なのは「初動」です。自分が先に触れると思ったら、迷わず出ること。逆に、ちょっとでも触れないかもしれないと思ったら、出るのはやめる。

自分の中に迷いがあるとトップスピードで動くことができず、相手に先に触られる要因になってしまいます。

GKはFWのように10回のチャンスを1回モノにすればいいポジションではありません。10回のプレーで10回パーフェクトなプレーをすることが求められます。

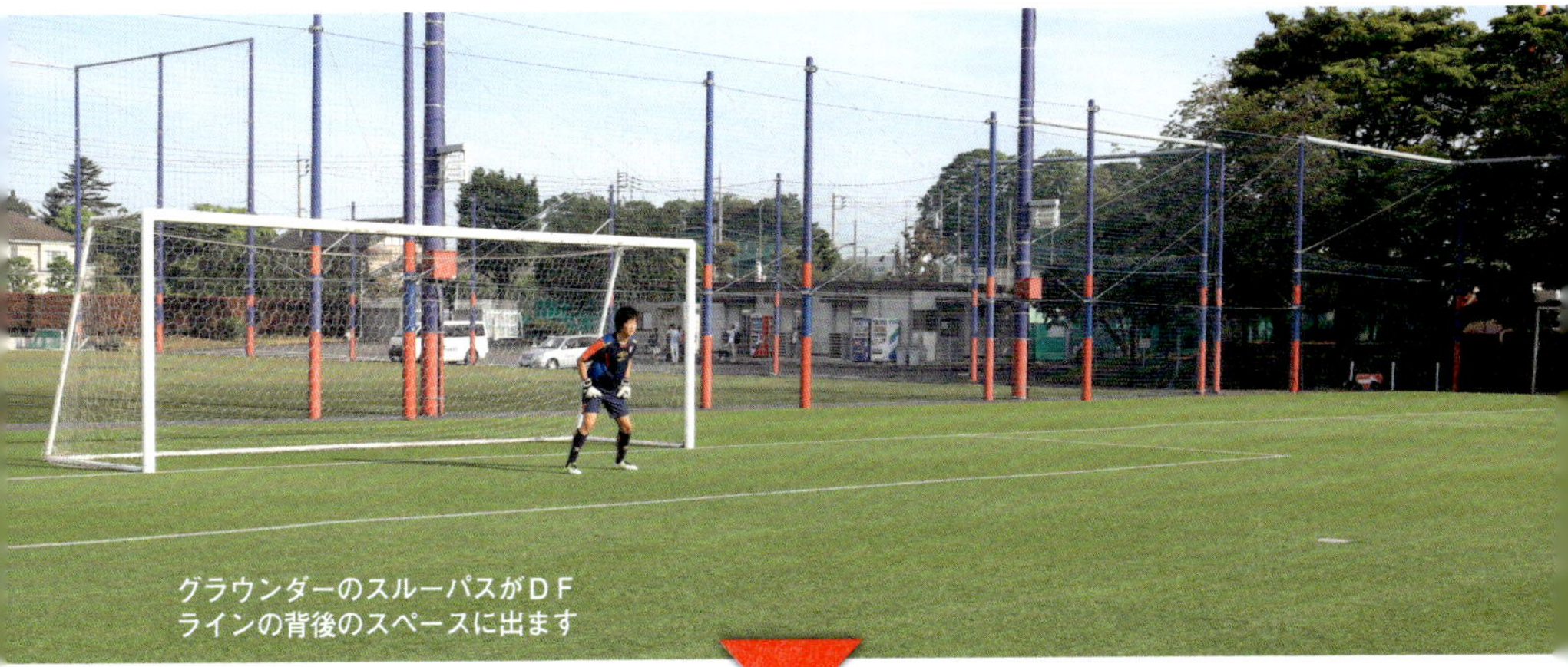

グラウンダーのスルーパスがＤＦラインの背後のスペースに出ます

パスが出る瞬間に、飛び出すか飛び出さないかを決断しましょう

最初のアクションが早ければ、先に触れる確率も高くなります

ファーへのクロスは ポジションをとり直す!

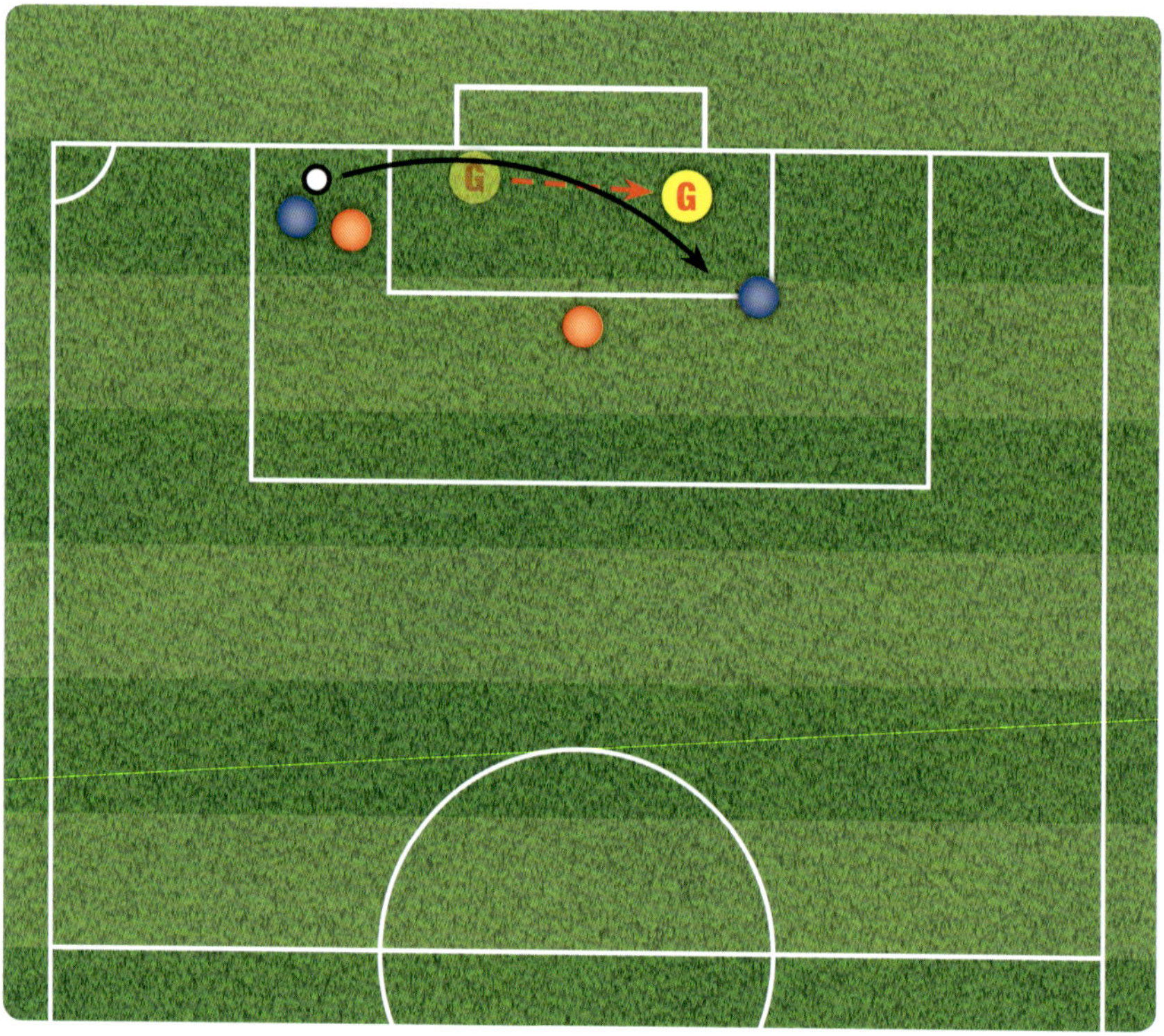

1歩目は クロスステップ

サイドチェンジや、クロスなどボールが横方向に大きく動いたときは、素早くポジションを修正します。

例えば、サイドの深い位置からファーの選手へクロスボールが上がって来たとします。クロスが上がってから、サイドステップで細かく動いていたら、ポジションをとるのに時間がかかって、シュートに対応できない可能性があります。

このような状況ではクロスが蹴られた時点で、クロスステップでカラダの向きを変えて、ボールの軌道を見ながら走って、シューターが合わせるまでにポジション修正を行いましょう。

相手チームの選手が深い位置でボールを持っている状況です

ファーサイドにクロスが上がります。クロスステップでカラダの向きを変えて動き出します

相手がシュートを打つ前に、ポジション修正を完了することが大事です

ニアへのクロスは コースに割り込む!

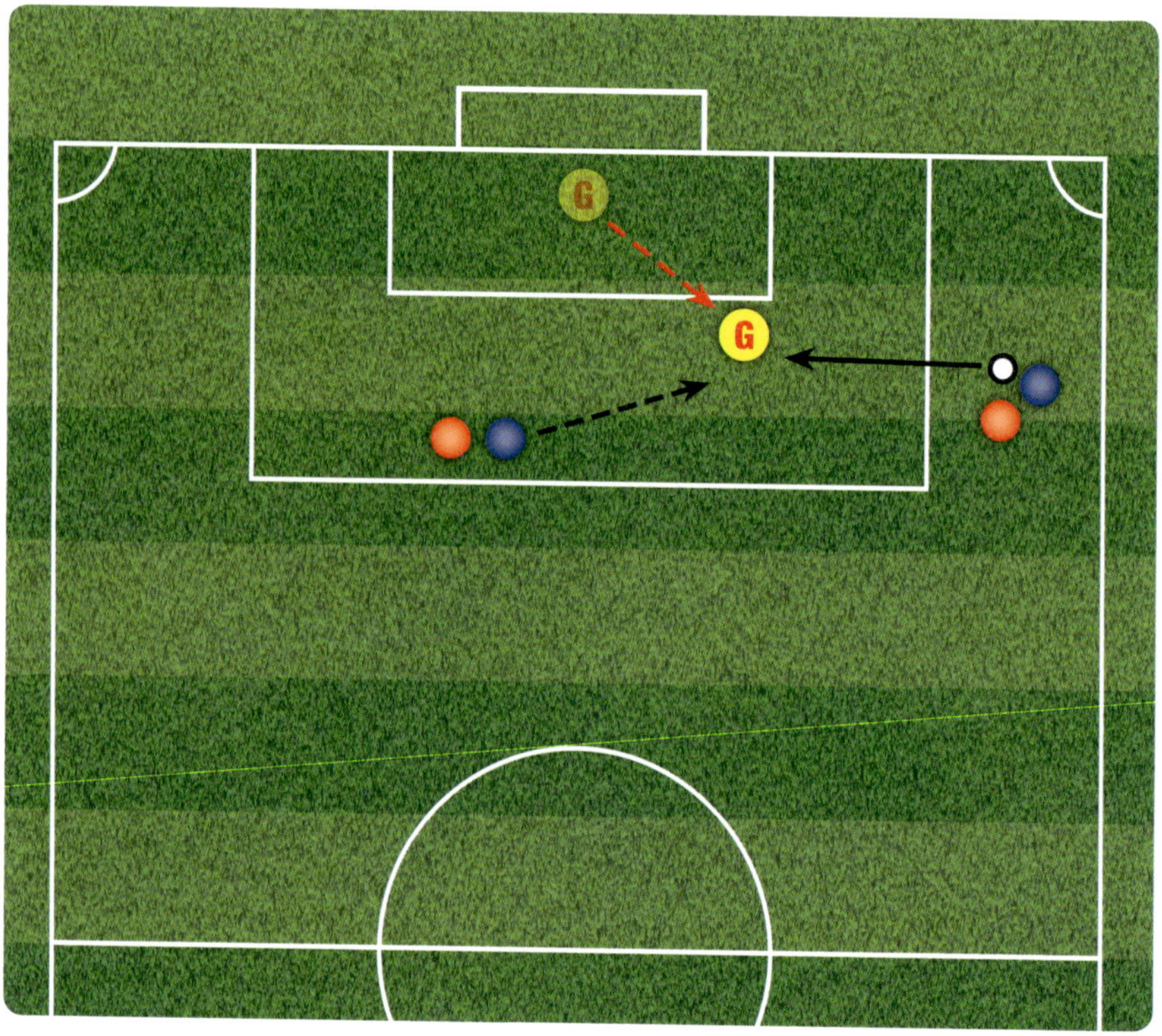

前で触れるなら出たほうがいい

サイドで相手がボールを持っています。グラウンダーのクロスに対して、ニアに相手ＦＷが突っ込んで来るけど、味方のＤＦがしっかりとマークできていない――。このような状況は試合中によく起こります。

ゴールまで至近距離で相手に先に触られてしまうと、失点を覚悟しなければいけません。このような状況では相手の前で触れるなら出る、相手の後ろでしか触れないなら出ないというのがセオリーです。

ＧＫとしてはボールが入って来た時点で、味方のＤＦの状況も見たうえで、素早くアクションを起こすことが求められます。

サイドからの選手がゴール前に低くて速いクロスが入ってきます

相手にニアで触られないように、GKが素早く飛び出します

相手の前で触ることができれば、ピンチを未然に防ぐことができます

予測でイレギュラーに対応する！

イレギュラーを想定しておく

軌道の変化を予測しておく

イレギュラーバウンドはGKにとってはアクシデントと言えますが、ゴール前などで人が密集しているときに、誰かに当たってボールがこぼれるのはよくあることです。「もしかしたら軌道が変化するかもしれない……」と頭の中でイメージしておけば、イレギュラーが起こっても慌てずに済みます。

権田POINT

密集状態を再現するメニュー

人に見立てたコーンや人形をペナルティーエリア内に置いて、密集状態を再現してシュート練習を行うと、イレギュラーが起こったときのステップワークや、反応の仕方を高めることができるので、試してみて下さい。

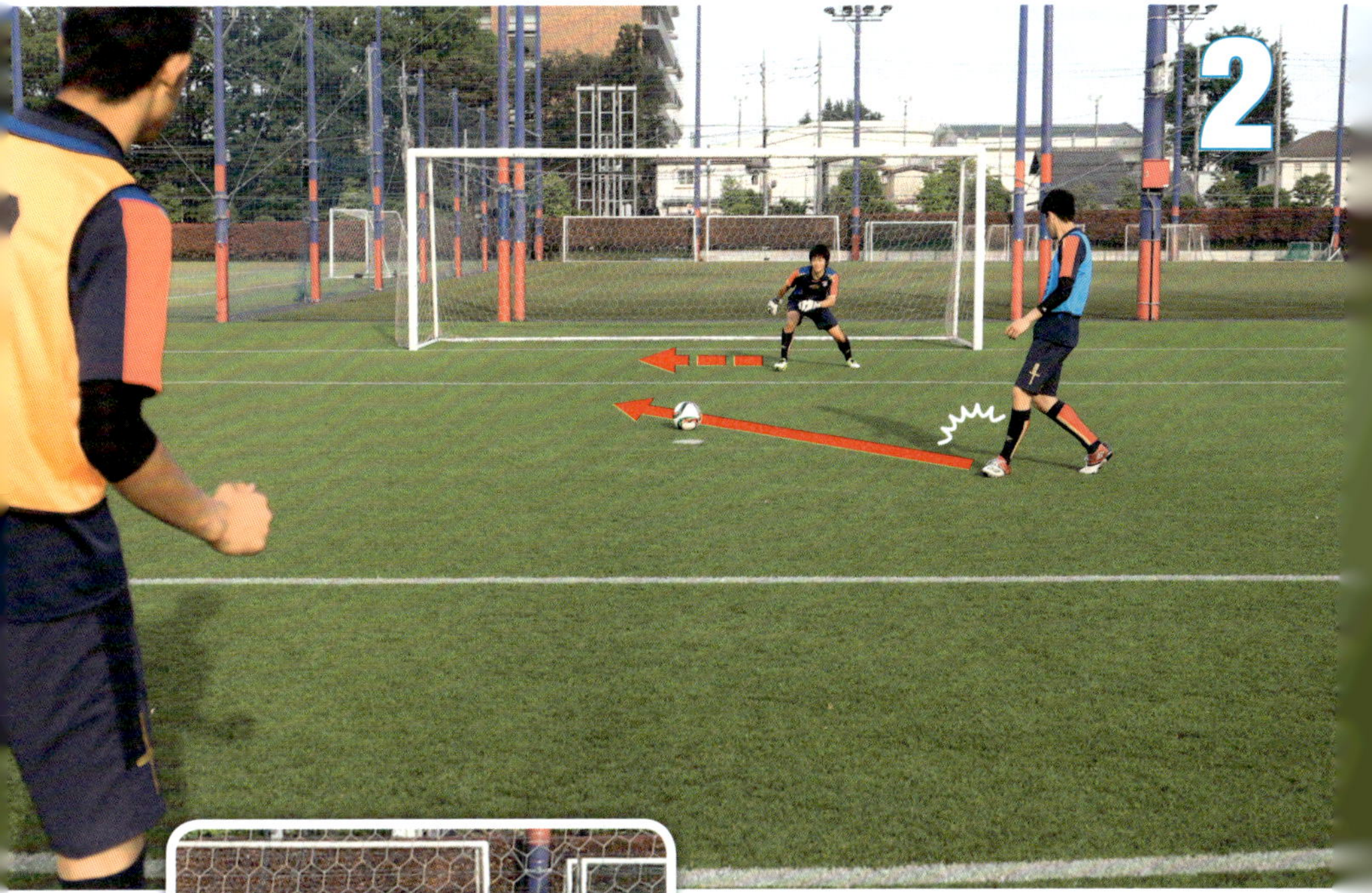

サイドステップで移動する

相手のシュートが味方の選手に当たって、最初の軌道と反対側にボールがこぼれます。外側の足を強く踏み込んで、逆に動きます。このとき、1歩目の移動をクロスステップにしていると、体重が乗ってしまって、すぐに逆に動くことができません。ゴール前では、サイドステップで移動したほうが安全です。

逆への動きに素早く対応する

column

チーム内の基準をハッキリと示す

権田修一のコーチング論 3

ＧＫのコーチングがチーム内に与える影響は小さくありません。だからこそ、どんな声をかけるか、しっかり考えることが必要です。

ある選手がドリブルで抜かれたとしましょう。ここで抜かれた選手に対して、「抜かれるなよ！」と言うのは簡単です。だけど、必ずしも、その言葉が当てはまらない場合もあります。

もしかしたら、本来はマークにつくべきボランチの選手が守備をサボっていて、ＦＷがカバーするために戻ってきて抜かれたのかもしれません。このシーンで本当にダメなのは抜かれたＦＷではなく、守備をサボっていたボランチのほうです。だから、僕だったらＦＷには「ナイスプレー！」、ボランチには「サボるな！」という声をかけます。

そうすることで、チームのために頑張る＝良いプレー、自分の仕事をやらない＝悪いプレーという基準をチーム全体にハッキリと示すことになります。サボっていた選手に何も言わず、抜かれた選手を怒れば、チーム内には不公平感が漂ってしまうでしょう。

ＧＫは誰よりもサッカーを見る目を持っていなければいけません。どういうミスをしたのか、頑張った結果のミスなのか、頑張っていないからミスになったのか――。そうしたところを見極められれば、良いコーチングができるはずです。

Chapter 04

シュートストップ

Shoot Stop

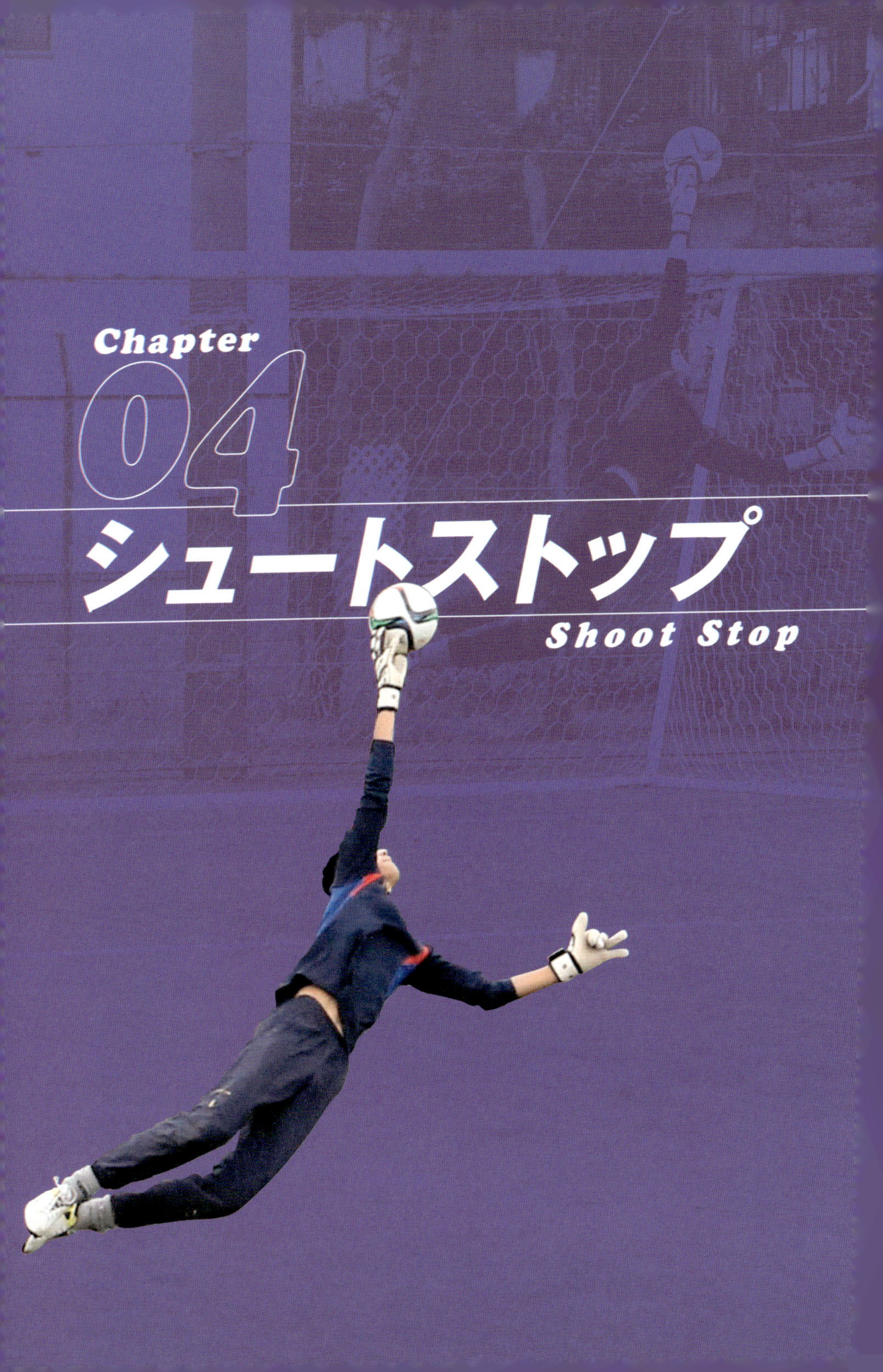

Chapter 4

Shoot Stop

キャッチするのが最高のプレー！

決まった！ と誰もが思うシュートに反応し、ギリギリのところで触ってボールを弾き出す――。そんなスーパーセーブに憧れてGKを志したという人も多いのではないでしょうか。

シュートストップはGKにとって〝最大の見せ場〞といっても良いシーンだと思います。テレビのハイライトなどでも、GKがスーパーセーブをしたシーンはよく取り上げられます。

ただし、どんなスーパーセーブも基本技術の積み重ねがなければできません。ポジショニング、構え方、ステップワーク……。GKにとって土台となるベースがあって、初めてスーパーセーブができます。そこがおろそかになっている選手は、スーパーセーブをすることがあっても、何でもないシュートを決められてしまったりするもの。偶然で止めるのではなく、必然で止めるのが、本物のスーパーセーブなのです。

シュートを弾く＝スーパーセーブというイメージもありますが、僕は「キャッチすること」に強いこだわりを持っています。

なぜなら、同じシュートをGKがキャッチした場合と弾いた場合では、その後のプレーに大きな違いが出るからです。キャッチすることができれば、相手の攻撃は完全にストップします。しかもマイボールになるので、自分たちの攻撃につなげることができる。

一方、弾いたらコーナーキックになったり、こぼれ球を拾われてシュートを打たれたりするので、相手の攻撃をストップできません。どちらがベストかは言うまでもないでしょう。

シュートを「弾くもの」と考えてプレーしているGKと、「キャッチするもの」と考えてプレーしているGKでは、どちらが良いGKになれるでしょうか。もちろん、全てのシュートをキャッチするのは不可能ですが、意識を高く持って練習や試合に取り組んでほしいと思います。

最後までボールをよく見る!

基本中の基本ですが、シュートストップで重要になるのは「最後までボールを見ること」です。シュートには全く同じものはありません。コース、スピード、回転の仕方など1本1本違います。それぞれのシュートに合わせて最善のプレーをすることが求められます。

キャッチできるのか、それとも、弾いたほうがいいのか――。シューターの足からボールが離れて、自分に向かって来るまでの間に正しい判断をできるかが、シュートストップの重要なポイントとなります。

また、現代サッカーでは無回転シュートに代表されるように、ボールの軌道が不規則に変わることが珍しくありません。ボールの軌道を見極めていなければ、簡単に捕れると思ったシュートをファンブルし、無用な失点につながってしまうこともあります。このようなミスを防ぐためにも、ボールを最後まで見ることを常に心掛けましょう。

権田
POINT

ボールに目を慣れさせる

GK経験が少ない選手は、強烈なボールが飛んで来ると、恐怖心から思わずボールから目をそらしてしまったり、逃げてしまったりすることがあります。練習中に至近距離からシュートを蹴ってもらって、スピードのあるボールに目を慣れさせて、恐怖心をなくしましょう。

少しでも前でボールに触る

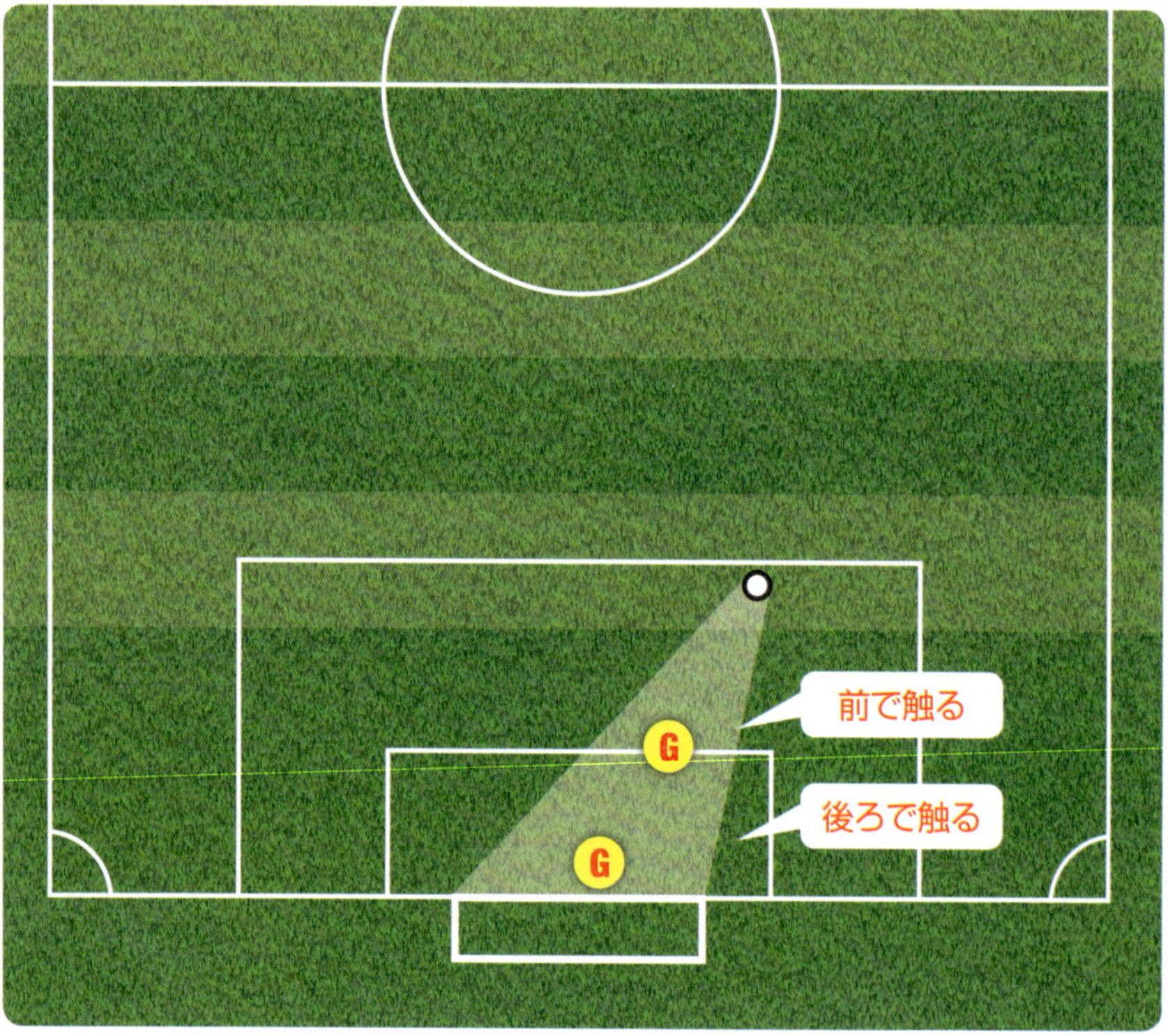

キャッチが簡単になる

キャッチするにしても、弾くにしても心掛けてほしいのが、「ボールはできるだけ前で触る」ということ。

シュートが向かってくるとき、ＧＫが少しでも前に位置をとることによって、シュートコースを狭めることができます。

シュートが飛んで来る範囲を限定できれば、シュートストップを余裕を持って行えます。つまり前で触るほうが、ボールをキャッチする確率が高くなるのです。

たとえキャッチできなかったとしても、前で触ろうとしていれば、速いシュートであっても、しっかりと弾くことができます。

権田POINT

ボールにアタックする

イタリアのパルマに留学したとき、GKコーチによく言われたのが「ボールにアタックしろ！」という言葉です。完全に受け身になるのではなく、自分からボールを触りに行く意識を持つことは大事です。

向かって来るボールに対し、前に出ることでコースに入り、キャッチすることが可能になります

前で触るという意識が薄いと、守らなければいけない範囲が広くなるため、セーブが難しくなります

ゴロのボールには下から上に手を出す

ゴロのボールに対して「下→上」に手を出すと、ボールの軌道上にカラダを入れられるので、後ろにそれる心配がありません

〝遮断機〟にならないように

グラウンダーのシュートに対しては「下から上に手を出す」ことを徹底しましょう。地面を転がって来るボールのコースをふさぐというイメージです。

シュートを止められないGKによく見られるのが「上から下に手を出す」という動作です。上からボールを押さえに行くと、タイミング的には間に合っていても、手が間に合わずボールがカラダの下を抜けてしまうミスが起こりがちです。

このようなプレーをするGKは〝遮断機〟と呼ばれます。何でもないようなシュートが決まってしまうと、チーム全体の士気に影響しますし、味方からの信頼も得られません。

✕ ゴロのボールを上から覆いかぶさるようにつかみに行くと、スピードを見誤って触れず、後ろにそらしてしまうことも……

カラダの正面でキャッチする!

1
向かって来るボールに対して、受け身にならずに、できるだけ前で触ることを意識します

2
低い体勢になって、脇の下をボールが抜けないようにしながら、キャッチの構えを作ります

シュートコースに素早く入ろう

シュートをキャッチするときは両手でつかむことが基本です。両手を同じタイミングで出すのではなく、片方の手でボールの勢いを抑えてから、もう片方の手をコースに置けば、ファンブルする危険性は下がります。

キャッチで大事になるのが、できるだけカラダの正面で止めること。カラダの正面で止めれば、万が一ボールをそらしてもカラダで止めることができます。しかし、コースに入るのが遅れて、手だけでキャッチしに行くと、ファンブルしたボールがそのまま決まってしまうなどミスの要因になります。GKはどんなときも「100%のプレー」を求めることが重要です。

3 両手でボールを包み込むようにキャッチ。最後までボールから目を離さないようにします

4 カラダの正面で止めたので、ボールがこぼれることや、後ろにそらす心配もありません

シュートストップ⑤ Shoot Stop 05

カラダを伸ばしてボールを弾く!

1 相手選手がシュートを放ちます。コースが良いので、キャッチは難しそうな状況です

2 ボールに対して、両手ではなく片手を出しながら、足で地面を蹴ってカラダを伸ばします

ボールに触る範囲を広くする

GKとしては、どんなシュートでもキャッチしたいところですが、もちろん全てのシュートをキャッチできるわけではありません。GKにとって何より優先すべきは「ゴールを守ること」。

シュートのコースやスピードから、キャッチするのが難しいと思ったら、キャッチではなく弾くプレーを選択しましょう。

弾くときは片手で行くのが基本です。キャッチと同じように両手を出すと、カラダが十分に伸びず、ボールに触れるエリアが狭くなってしまいます。できるだけ遠くまでカラダを伸ばしたいときには、片手を出すほうが適しています。

3 ボールの軌道をしっかりと目で追いながら、伸ばした手の指先でボールを弾きます

4 ボールを弾いた後は、素早く起き上がってセカンドボールを詰められないようにします

カラダ→ボールの順番で落ちる

1

2

3

点ではなく面で落ちる

GKはジャンプしながらセービングすることも多いので、着地の技術は重要です。着地がしっかりできないと、落下したときに怪我につながるだけでなく、恐怖心からジャンプすることを躊躇《ちゅうちょ》してしまいます。

着地では「カラダ→ボールの順番で落ちること」を心掛けましょう。ただし、腰から落ちたり、膝から落ちたりすると落下の衝撃が1カ所にかかって怪我をしやすくなってしまいます。

点ではなく面で落ちれば、衝撃が和らぐので怪我をしづらくなります。良いGKになるには「止める技術」だけでなく、「落ちる技術」にも磨きをかけましょう。

権田POINT

安全な場所で慣れよう

硬い土のグラウンドでジャンピングセーブの練習をすると怪我につながるので、まずは公園の砂場や体育館のマットの上など柔らかい場所でコツをつかみましょう。

4

5

6

ボールに触れるポイントを見極める

GKから見て、ペナルティーエリアの45度ぐらいの角度から、カーブをかけてファーポストの上を狙ってくるシュートを打たれたときの対処法です。

大事なのはボールにどこで触れるかを見極めることです。外側に伸びてから巻くようにゴールに向かってくるので、すぐに飛びつくのではなく、ボールに触れる位置までステップしてからジャンプします。

シュートストップの基本はできるだけ前で触ることですが、このようなシュートは前に出ることで触りづらくなることもあるので、ボールの軌道によって臨機応変に対応しましょう。

権田POINT

ステップワークが重要

このようにファーのコースに飛んで来たボールに対して、その場でジャンプして触ろうとしても届きません。ボールに触れる位置に素早く移動して、タイミングを合わせてジャンプしましょう。

1回落として安全にキャッチする

1 無回転シュートが向かって来ます。そのままキャッチするとファンブルする危険があります

2 1回でキャッチしようとせず、ボールを自分のカラダの下、もしくは少し前に落とします

周りの状況を確認しておく

無回転シュートのように不規則な弾道で飛んで来るボールをキャッチするときは、ファンブルしないように慎重に行う必要があります。直接キャッチに行くとファンブルする確率が高いと思ったら、シュートを自分のカラダの前に落として、バウンドさせてからキャッチします。

ただし、相手選手がいるときに1回弾いてからキャッチしようとすると、こぼれ球を狙われたり、突っ込んで来た相手と交錯したりして怪我をしてしまうので、しっかり周りを確認しましょう。

無回転シュートだけでなく、雨でボールが濡れているときの安全策としても覚えておきましょう。

3 こぼれ球を狙われないように、周りに相手選手がいないことを確認しておきましょう

4 バウンドさせることによって、勢いが落ちたボールを、落ち着いてキャッチします

上に弾き出して コーナーキックに逃げる

ゴールの上のスペースを使う

ポジションを前にとっているときに、ループシュートで頭の上を狙われたら、前に弾くのではなく、「コーナーキックに逃げる」という選択肢を覚えておきましょう。

この場面で最もやってはいけないのは、ゴール前のスペースに弾いてしまうこと。カラダを投げ出してセーブした後は、起き上がるのに時間がかかるので、こぼれ球に対応することができません。それでは、みすみす相手にゴールチャンスを与えてしまうようなもの。

冷静になってボールを外に出せば、相手ボールにはなりますが、プレーはいったん切れるので、その間に準備をすることができます。

1

ループシュートを打たれたので、ボールの軌道を見ながらバックステップでゴールラインまで下がります

2

ゴールに向かって来るボールに対して、後ろ足に重心を乗せながら、ジャンプするタイミングをはかります

3

後ろ足で踏み切ってジャンプ。しっかりと手を伸ばしながら、落ちて来るボールを迎えます

4

手首を返しながらセーブし、浮き球をゴールの上に逃がします。ボールはラインを割ってコーナーキックに

column 4

権田修一のコーチング論

ミスをしてしまった選手にはあえてポジティブな声をかける

サイドから上がって来たクロスをＤＦが必死に触りに行ったら、ボールが相手の目の前にこぼれて詰められてしまった……。

勇気を持ってチャレンジして出したパスが、相手にカットされて、そこからカウンターを受けて失点してしまった……。

誰の目にも明らかにＤＦのミスにで失点が生まれたとき、ＧＫはどんな声をかけるでしょうか。僕の場合はこんな風に言います。

「俺が止められなくてゴメン！」

ディフェンスの選手がどんなミスをしたとしても、ＧＫには止められる可能性は残っています。それなのに、すぐに味方がミスをしたせいにしてしまうと、ＧＫとしてレベルアップできません。

何よりも、ミスをしたことを一番わかっているのは本人です。責任を感じている選手に対して、「何やってるんだよ」と叱責するのは、傷口に塩を塗るようなものです。

そんなことをしても状況は良くなるばかりか、悪くなってしまいます。必死に頑張った結果のミスを責めるようなＧＫを信頼しようと思えますか?

ここでポジティブな声をかければ、次のプレーで頑張ろうと思えるはず。ミスが起こったときは、信頼関係を築くためのチャンスでもあるのです。

Chapter

05 クロスボール

Cross Ball

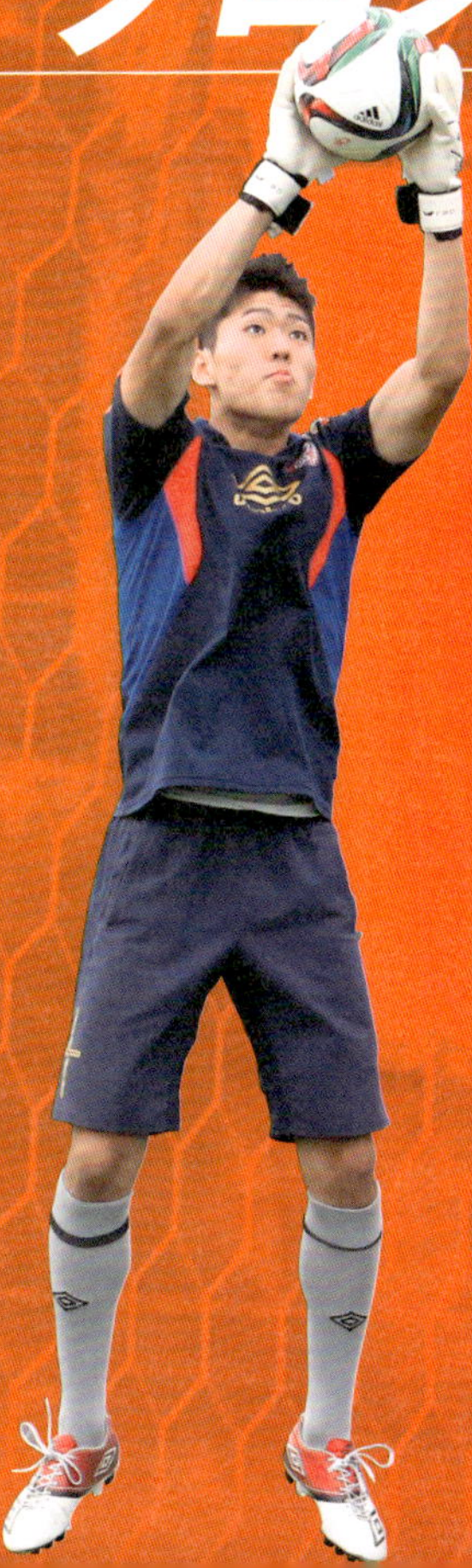

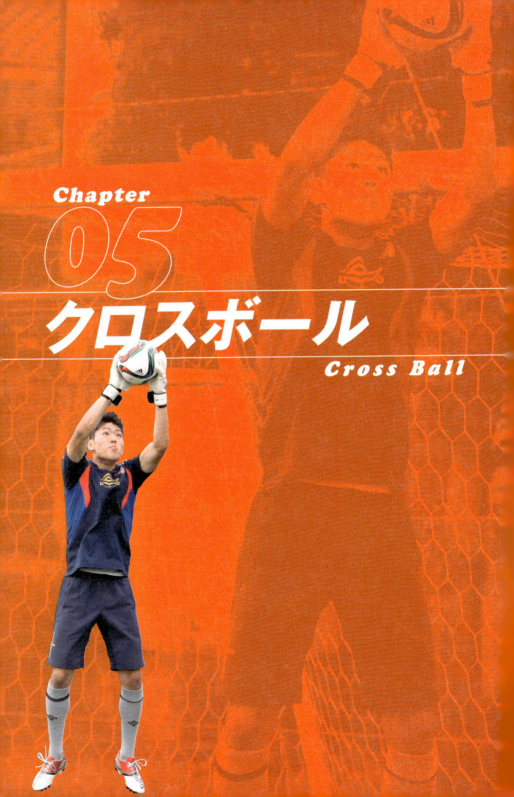

Chapter 5

Cross Ball

クロスボールはGKが最も有利!

クロスボールにはいくつかの種類があります。

・高く上がったクロス
・グラウンダーのクロス
・浅い位置からのクロス
・深くえぐってからのクロス

全てのクロスボールに共通して気をつけてほしいのが、「先に動き過ぎない」ことです。GKがクロスを予測したポジションをとっていると、ボールを持っている選手のレベルが高ければ、それを見逃さずにゴールを狙ってきます。

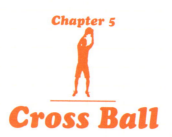

何度も繰り返しますが、どんな状況でもGKにとって一番大事になるのは「ゴールを守ること」。

そのためには、これはクロスだから、これはシュートだからと、プレーによって対応を分けるのではなく、ゴールを守るために最善

の方法を尽くすことを心掛けましょう。

　クロスボールはＤＦの選手にとっては守るのが難しいプレーです。ＤＦは自分がマークしている選手とボールを一緒に見るのが基本ですが、サイドからボールが上がって来たときは、マークを見失いやすくなります。クロスからゴールが決まりやすいのは、そのためです。

　その点、ピッチの最後尾にいるＧＫは、ＤＦよりもボールと周りの状況を見やすいポジションと言えます。ですので、クロスボールが上がって来たときはＧＫが責任を持って防ぐことが重要になります。ＧＫのクロスボールへの対応が不安定だと、ディフェンス全体が不安定になってしまいます。

　クロスボールにおいては、最後尾から全体の状況を把握しやすく、空中戦になれば手を使うことのできるＧＫが一番有利な立場です。自信を持ってクロスを処理して、チームに安定感をもたらしましょう。

クロスボール① Cross Ball 01

落下地点に最短距離で向かう!

○ 1

サイドからクロスボールが上がります。落下地点を見極めたら、そこへ最短距離でまっすぐ向かって行きます

2

ボールの落下地点に先に入ることによって、手を使えるというＧＫの最大のメリットを生かせます

〝点〟をどれだけ早く見つけるか

クロスボールでまず重要になるのが「空間認知能力」です。空間認知能力とは、空中に浮いているボールがどこに落ちてくるのかを予測する力のこと。

落下地点で棒立ちで待っていたら、ジャンプした相手に先に触られてしまいます。自分のジャンプの最高到達点と、ボールが落ちるまでに通過する場所がクロスする〝点〟をどれだけ早く見つけられるかが重要です。

落下地点を予測したら、最短距離のコースで向かうことを心掛けましょう。迂回する（回り込む）と時間のロスとスペースができてしまうので、相手に前に入られてしまう危険があります。

× 1

落下地点の予測に自信がないため、まっすぐに向かうのではなく、外側に膨らんでから向かって行きます

2

相手選手にボールの落下地点に先に入られてしまうと、手を使えるというGKのメリットを生かせません

目測を誤ると かぶってしまう!

1 サイドからクロスが上がって来ます。落下地点を予測して動き出します

2 ボールに触るためにジャンプしますが、クロスの弾道にジャンプが届いていません

積極的にミスをしよう

クロスボールの対応での典型的なミスが、ジャンプしたGKがボールに触れずにそらしてしまうことです。このプレーをサッカー用語で「かぶる」と言います。GKが前に出てボールに触れなければ、失点を覚悟しなければいけません。

ただし、小学生や中学生のときは練習では積極的にチャレンジして、どんどんミスをしてほしいと思います。ミスをすることで、「行けるとき」と「行けないとき」の感覚がつかめるからです。

練習から100%のチャレンジをし続けることが、試合中に100%の自信を持って飛び出すプレーにつながるのです。

3 ジャンプの最高地点でボールに触ることができず、頭の上をボールが通過してしまいます

4 GKがかぶったボールを、その奥で待っていた相手選手がフリーで合わせます

高さを出すときは片足ジャンプ

1

クロスが上がって来たら、ボールの軌道を目で追いながら、助走をつけます

2

ボールの落下地点に向かって助走してから、左足で地面をしっかり蹴って、大きくジャンプします

勢いをつけて しっかり踏み切る

ジャンプには片足で踏み切る「片足ジャンプ」と両足で踏み切る「両足ジャンプ」の2種類がありますが、基本となるのは「片足ジャンプ」です。落下地点を見極めたら、助走でスピードを上げて、ジャンプの体勢に入ります。

片足ジャンプでは「踏み込み」と「踏み切り」を片足で行います。カカトで地面をつかむように踏み込んでから、ツマ先で地面を蹴って踏み切ります。

クロスボールで重要なのは最も高くジャンプしたところでボールに触ること。どこでボールに触るかをイメージしながら、〝点〟を目掛けてジャンプします。

3

ジャンプしながら、ボールをキャッチする体勢へ。ボールから目を離さないようにしましょう

4

最も高い場所でボールをキャッチしたら、ファンブルしないようにつかんだまま着地します

真上のボールは両足ジャンプ

1 サイドからクロスが上がって来ます。自分が立っている場所のほぼ真上でキャッチできそうです

2 真上のボールに対しては、両足ジャンプでキャッチに行きます。腰を落とし、腕を振り下ろして……

カラダ全体のパワーを使う

両足で踏み切る「両足ジャンプ」は、ボールの落下地点の真下にいるときに行います。片足で踏み切る「片足ジャンプ」に比べると高さが出ないため、前に出ながらクロスに触るというプレーには適していません。

高さが出づらい両足ジャンプで、できるだけ高くジャンプするには、足の踏み切りだけでなく、カラダ全体のパワーを使うことが必要です。

空中のボールをジャンプしながらキャッチするときは、カラダが無防備になりやすいので、自分の周りに突っ込んで来る相手がいないかを確認することも重要です。

3

両足で踏み切って、腕を伸ばしてボールをつかみに行きます。ボールから目を離さないようにしましょう

4

高いところにあるボールを両手で柔らかくキャッチします。バランスを保ったままで着地します

自分のプレースペースをガードする!

ＧＫの選手が怪我をしやすい場面として真っ先に挙がるのが、空中でボールをキャッチした後です。なぜなら、そこはＧＫが最も無防備になりやすいタイミングだからです。

クロスボールをキャッチするとき、ＧＫは両手を上げた状態になります。そこに相手が勢い良く突っ込んで来たら、ＧＫはまともに食らってしまいます。バランスを崩してそのまま落ちるので、一歩間違えば大怪我につながりかねません。

片足ジャンプからクロスに触りに行くときは、踏み切り足ではないほうの足の膝を上げて、相手の侵入をブロックしましょう。膝を上げていれば、相手が突っ込んで来たとしてもガードできるので、怪我の予防になります。

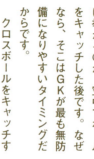

権田
POINT

相手を膝で威嚇するのは×

GKの選手によっては、クロスボールの競り合いでジャンプするときに必要以上に膝を突き出していることがあります。これは相手の顔に当たったり、ぶつかったりすることにつながります。膝を上げることで相手が突っ込んで来るのをブロックするのは重要ですが、相手選手を威嚇したり、傷つけたりするのはダメです。フェアプレーを心掛けましょう。

クロスボール⑥ Cross Ball 06

パンチングはできるだけ遠くに飛ばす!

味方へのパスにできればベスト

クロスボールでもシュートストップと同様に基本はキャッチするという考え方には変わりはありません。ただし、キャッチしたら味方とぶつかりそう、ボールをこぼしそうというときは、パンチングのほうが安全です。

パンチングをするときのポイントは、できるだけ外に、高く、遠くに弾くこと。ベストなのは、パンチングしたボールが味方につながってパスになることです。

それができなくて、弾いたボールを相手に拾われたとしても、ゴールから遠ざけることができれば、その間にポジションをとったり、味方の選手が準備したりすることができます。

パンチングをするときは写真のように両手をグーの形にして、両手で平坦な“面”にして当てるのがポイントです。右手と左手に段差があると“面”がデコボコになってしまうので、しっかりとボールに当てることができません

相手と至近距離で競り合っていて、キャッチングしようとすると、相手とぶつかったり、ファンブルしたりする可能性があるのでパンチングを行います。まっすぐに手を伸ばして、できるだけ遠くにボールを飛ばします

浮き球クロスは シューターの正面に入る

1 サイドから浮き球のクロスが上がって来ます。ゴール前には相手ＦＷと味方ＤＦがいます

2 相手ＦＷがジャンプからヘディング体勢に入ります。味方ＤＦは十分に寄せられていません

先に動き過ぎず相手を観察する

ゴールまでの距離があって、自分がボールにチャレンジするのが難しいときは、シュートを打たれたら、どうゴールを守るかを考えます。

クロスが上がっている間に、シュートを打つ選手のカラダの向きや、ボールに当てるポイントから、どこにボールが飛んで来るのかという予測を立てます。

ただし、ヘディングで合わせてくるという予測が強過ぎると、ヘディングではなく、トラップしてシュートを打ってきたときに反応が遅れてしまいます。

どんなプレーをされても柔軟に対応できるように、フラットな状態にしておくことが重要です。

3 相手FWがヘディング。GKはボールの行方を見ながらポジションをとります

4 先に動き過ぎなかったことで、正面に飛んで来たボールを落ち着いてキャッチできました

アーリークロスはＤＦの寄せ方を見る

1 サイドからＤＦとＧＫの間のスペースに、グラウンダーのクロスが入って来ます

2 シュートを打つ瞬間、ボールと反対側にいる味方ＤＦがしっかりと寄せています

味方と連係してゴールを守る

GKとDFの間に入って来たクロスに対しては、GKが何も考えずに飛び出してボールに触ろうとすると、ゴールをしっかりと守ることができません。

このような状況では「味方DFがどのように寄せているか」を見ることが重要です。

ボールと反対側からDFが寄せていれば、相手がファーにシュートを打ってくる確率は下がります。ニアに飛んで来る確率が高いという予測を立てておけば、至近距離から打たれても対処できます。

ゴールというのはGK1人で守れるものではありません。チームメートと連係しながらゴールを守ることを心掛けましょう。

3 「ニアに打たれるかもしれない」と予測しておけば、至近距離でも反応することができます

4 シュートからセーブまで時間がありませんでしたが、見事ストップすることができました

マイナスのクロスは先に動かない

1 ゴールライン際までえぐった位置から、ゴール前にグラウンダーのボールが入って来ます

2 相手ＦＷがシュート体勢に入ります。味方ＤＦはファーのコースに立っています

同一視野に収めづらい

自陣の深い位置までボールを運ばれてから、クロスを折り返されるというシーンです。

通常、最後尾のGKは全体が見えやすいポジションですが、サイドにボールがあると首を振って見なければならないので、ゴール前の相手や味方の状況が確認しづらくなります。

このようなとき、最もやってはいけないのは、クロスが入って来たタイミングで先に動いてしまうこと。先に動いてしまうと、シュートを打つ相手にどこを狙えば決めやすいかというメッセージを発信することになります。先に動かず、相手が打つまで我慢するのが、クロスからのシュートストップでの鉄則です。

3 シュートを打たれるまで先に動かず、相手の足からボールが離れる瞬間まで我慢します

4 決定的なピンチでしたが、冷静な判断と落ち着いた対応で防ぐことができました

column

自分がミスをしても試合中は落ち込まない

5

権田修一のコーチング論

自分のミスが原因で失点してしまった――。ＧＫをやっていれば、誰もがそんな経験をしているはずです。

例えば、開始20秒でキックオフからのバックパスを空振りしてゴールに入ってしまったとします。完全なＧＫのミスです。

自分がミスをしたときに、一番やってはいけないのは、気持ちを落としてしまうことです。ミスをした自分が何を言ってもダメだろうと、必要な声まで出さなくなったり、プレーが消極的になったりすれば、１回のミス以上のマイナスを与えてしまいます。

やってしまったミスをなかったことにはできません。変えられないことで悩んで、くよくよしていても仕方がない。反省をする時間は、試合後にいくらでもあります。

ＧＫがやらなければいけないのは、何をするのがチームにとってプラスになるか考えて行動することです。ミスをしてしまったのであれば、次に同じ状況になったときに気をつければいい。

僕自身、大事な試合でミスをしてしまった苦い記憶をいくつも持っています。守備範囲を広くしようと思って、飛び出し過ぎてやられたり、パスをつなごうとしたことが裏目に出てしまったり。そういう経験をしたから今があります。ミスというのは、ＧＫにとって成長のきっかけとなるものです。

Chapter 06

セットプレー

Set Play

Chapter 6

Set Play

セットプレーではGKが“司令塔”になる!

フリーキック、コーナーキック、ペナルティーキック。

今や、セットプレーからの得点は全ゴール数の3割を占めると言われるほど多くなっています。つまり、GKとしてはセットプレーからの失点を防ぐことは、とても重要なテーマです。

そのためには、「どのように守るのか」というルールをチーム内で統一しておかなければいけません。どんなに優れた選手であっても、GKだけの力でゴールを守ることはできません。だからこそ、味方の選手をうまく動かし、失点の確率を下げることが必要になるのです。そこを曖昧にしたまま、試合に勝つことはできません。

ただし、選手全員がセットプレーの守り方を頭に叩き込んでおくのは無理があります。そのため、セットプレーではGKが〝司令塔〟にならなければいけません。GKがしっかりと守り方をマネジメントできていれば、セッ

トプレーで簡単にやられることはなくなります。

コーナーキックではディフェンスのシステムやマークのつけ方がポイントになります。単純に身長が高い選手や競り合いに強い選手を、相手のターゲットになる選手につければ良いかというと、そうではありません。ディフェンスが得意か、細かい動きに対応できるのか、責任感があるかなど、そういったところも見極めましょう。

フリーキックで、ボールがどこから蹴られるかは、ファウルが起こらなければわからないものです。壁の枚数や、誰をどこに立たせるかといった基本的なセオリーはもちろん、相手のキッカーの蹴り足や、ゴールまでの距離や角度に合わせて微調整します。

セットプレーにおけるＧＫの役割はシュートを止めることだけでなく、決定的な場面を作らせないようにマネジメントすることでもあるのです。

マンツーマンは人の配置が肝

CK（マンツーマンの守り方）

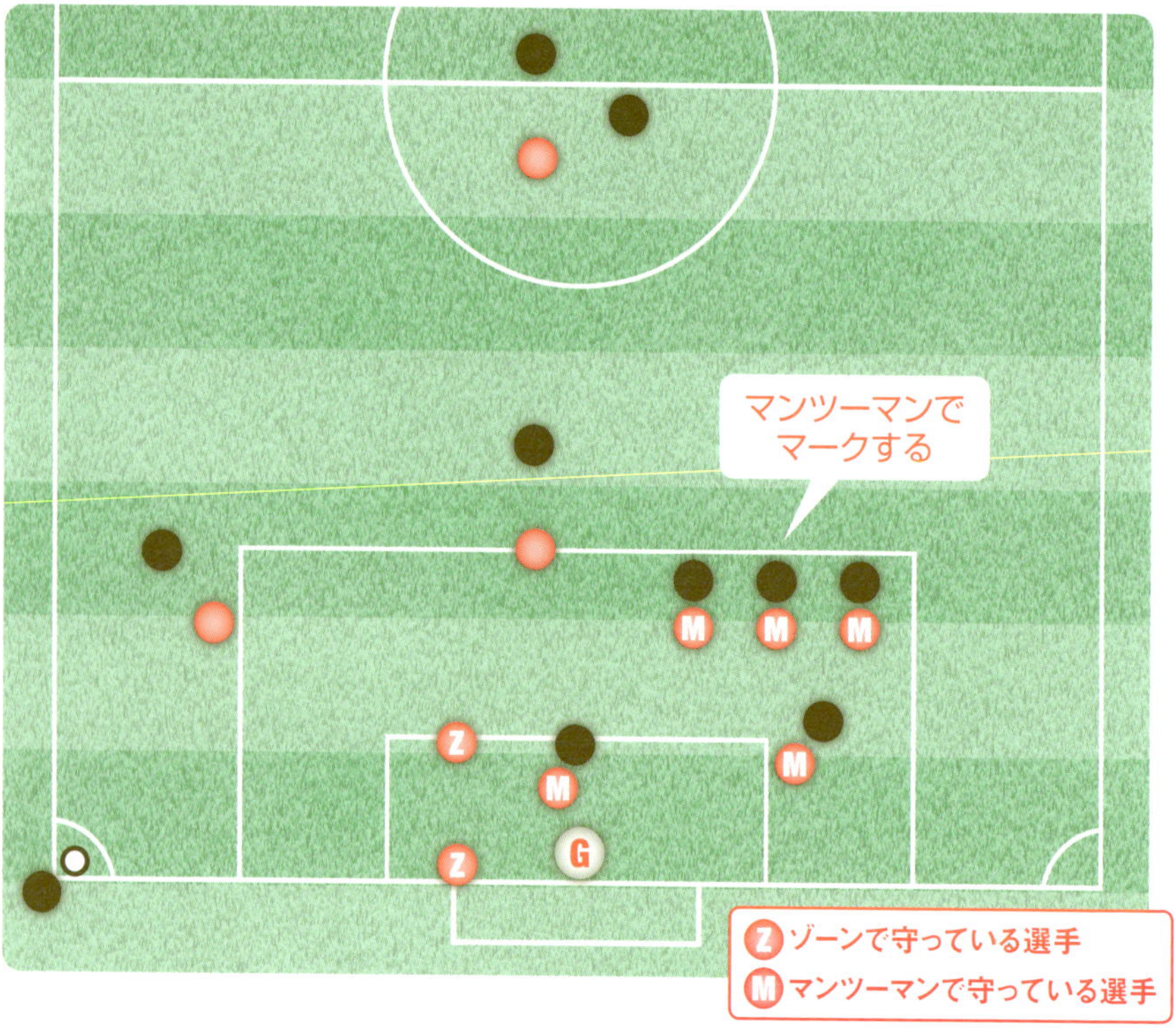

固定のマークをつける

相手のターゲットになる数選手に対して、守備力が高い、空中戦に強い選手をマークにつけます。

責任の所在を明確にする

マンツーマンのメリットは、自分が誰につくかが明確になるので、責任の所在がハッキリすることです。ただし、マンツーマンといっても全員が人につくわけではありません。マークを持たない選手（フリーマン）も何人か配置します。

1人はゴールエリアのニアの角付近。速いボールが飛んで来るので、跳ね返せる高さと勇気がある選手が望ましいです。基本的には動かないので、「ストーン（石）」と呼ばれます。

2人目はニアポスト付近。ディフェンスで気が利く選手で、身長が高くなくても反応が速くて、イレギュラーが起こったときに対応できるクレバーさが重要です。

CK（マンツーマンの守り方）

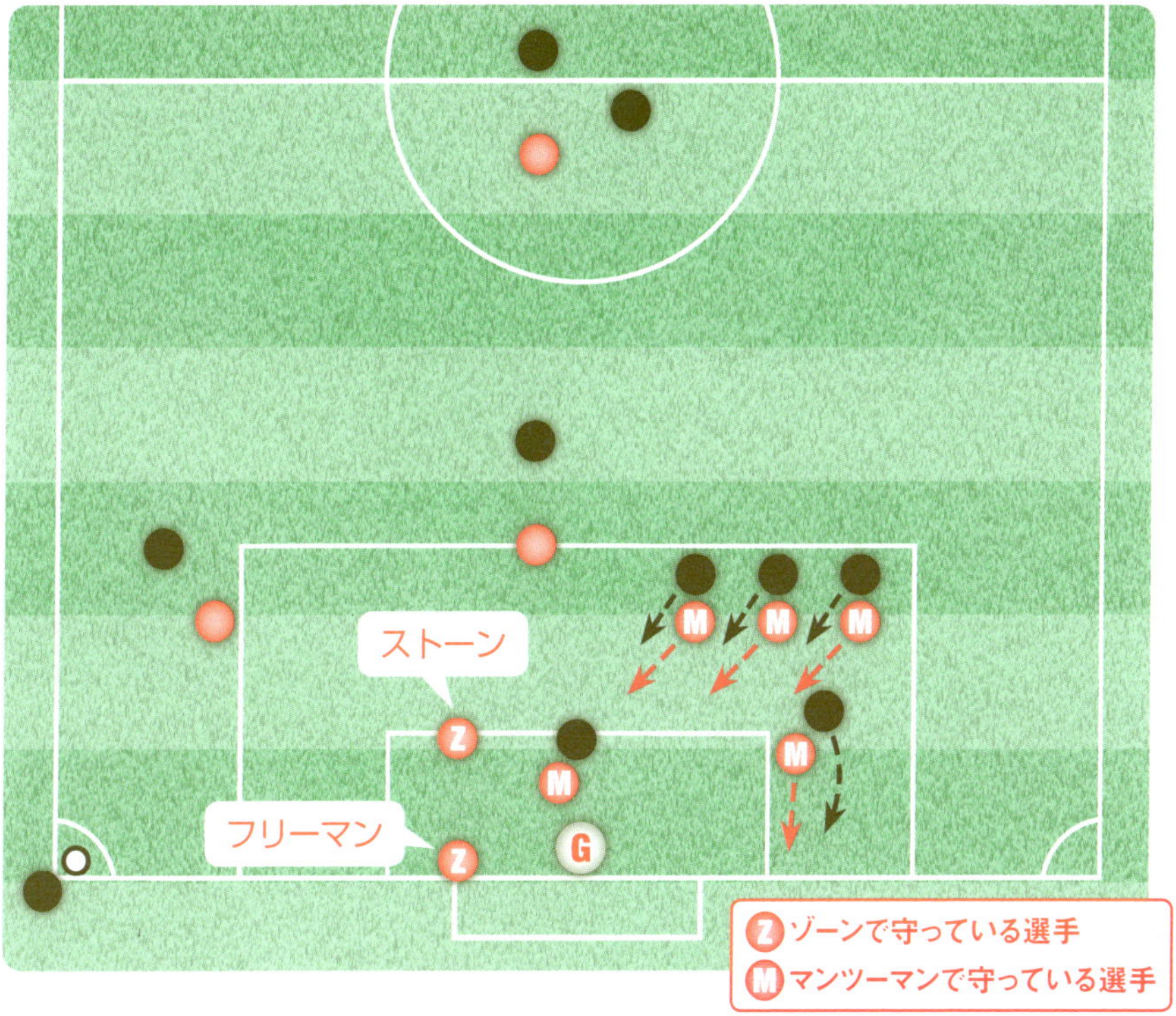

フリーマンを置く

特定のマークを持たない選手は、ゴールエリアのニアの角付近、ニアサイドのゴールポスト付近に配置します。

ゾーンで守って ゴール前を固める

CK（ゾーンの守り方）

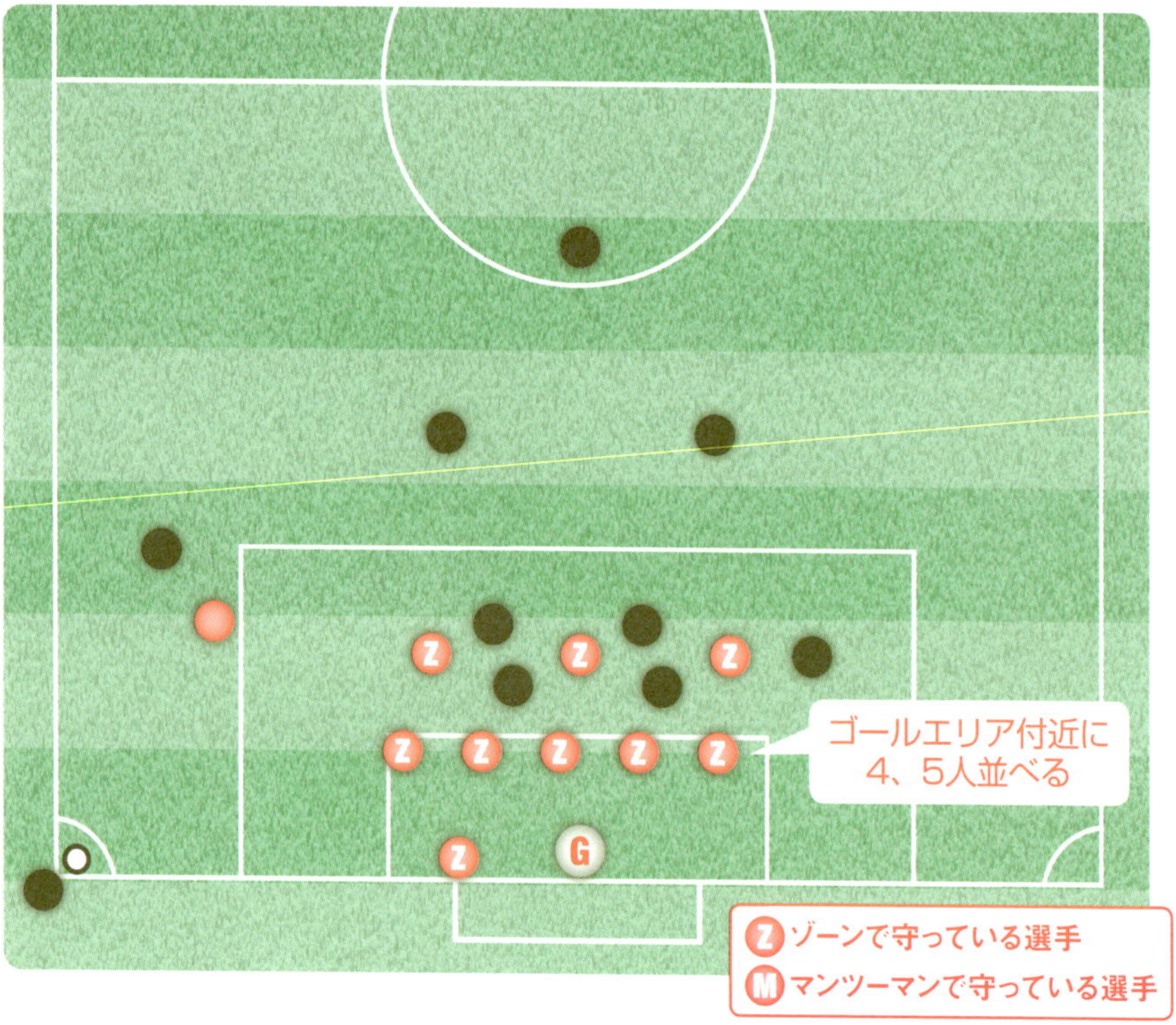

4、5人を並べる

ペナルティエリアの幅を目安に、空中戦に強い選手を４、５人並べて、担当エリアを決めて立たせます。

担当エリアを決めて立たせる

　マンツーマンは人につく守り方でしたが、それぞれの選手の担当エリアを決めて、そこに立たせるのがゾーンです。ゾーンでは担当エリアの中に入って来た選手に対して守ることになります。ミスマッチにならないよう、空中戦に強い選手が4、5人は必要です。

　一般的なゾーンでは味方の選手は全員がゴール前に戻って来ます。そして、GKの前に5人程度を目安に人を並べます。そのため、GKのプレースペースはマンツーマンに比べると狭くなります。GKは身長が低い選手のところにボールが飛んで来たら、前に出てサポートすることが重要です。

CK（ゾーンの守り方）

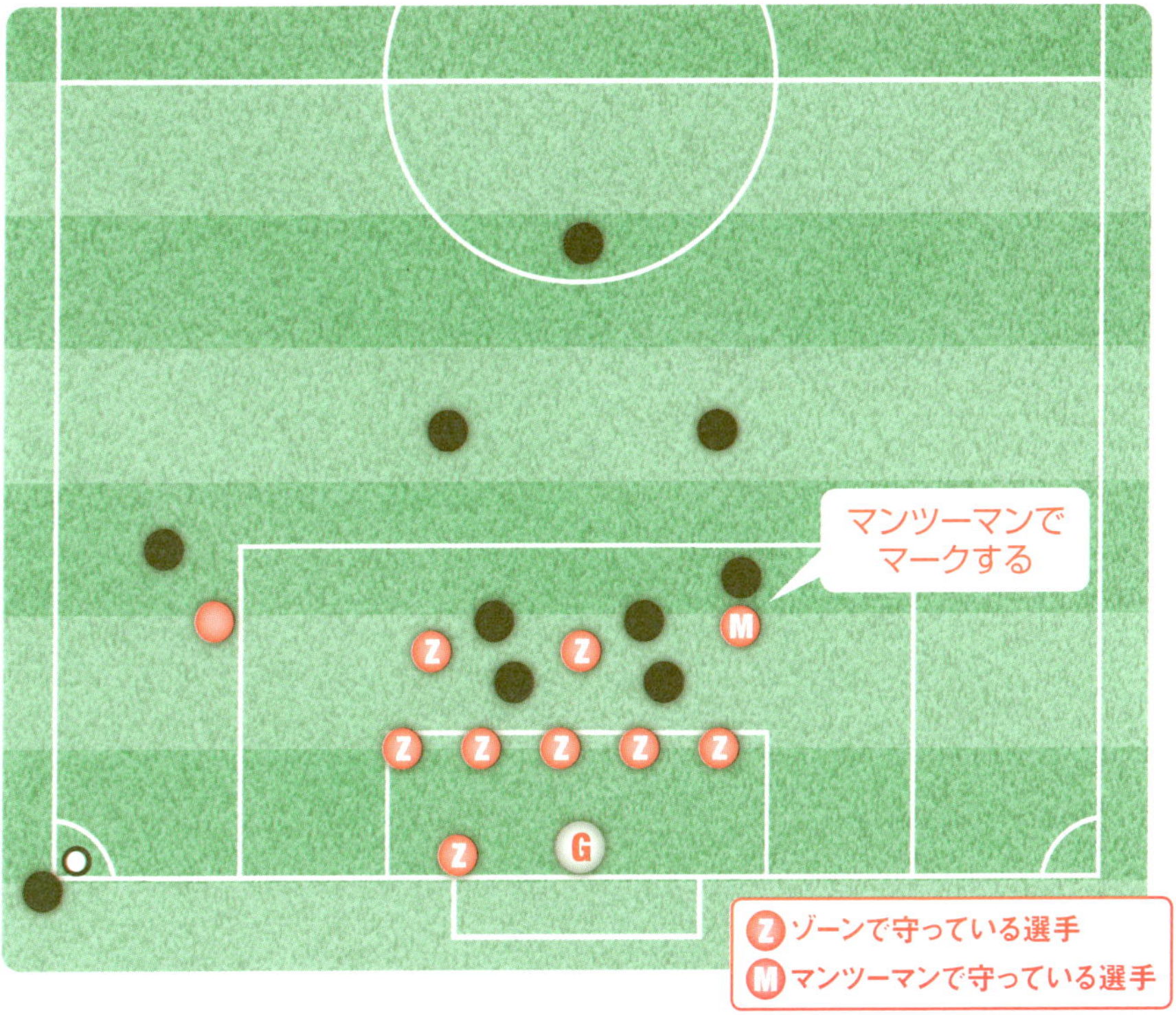

マンツーマンとのミックス

完全なゾーンではなく、ターゲットの選手にはマークをつけるというミックスにする場合もあります。

インスイングのボールはＧＫが前に出る

インスイングのＣＫの守り方

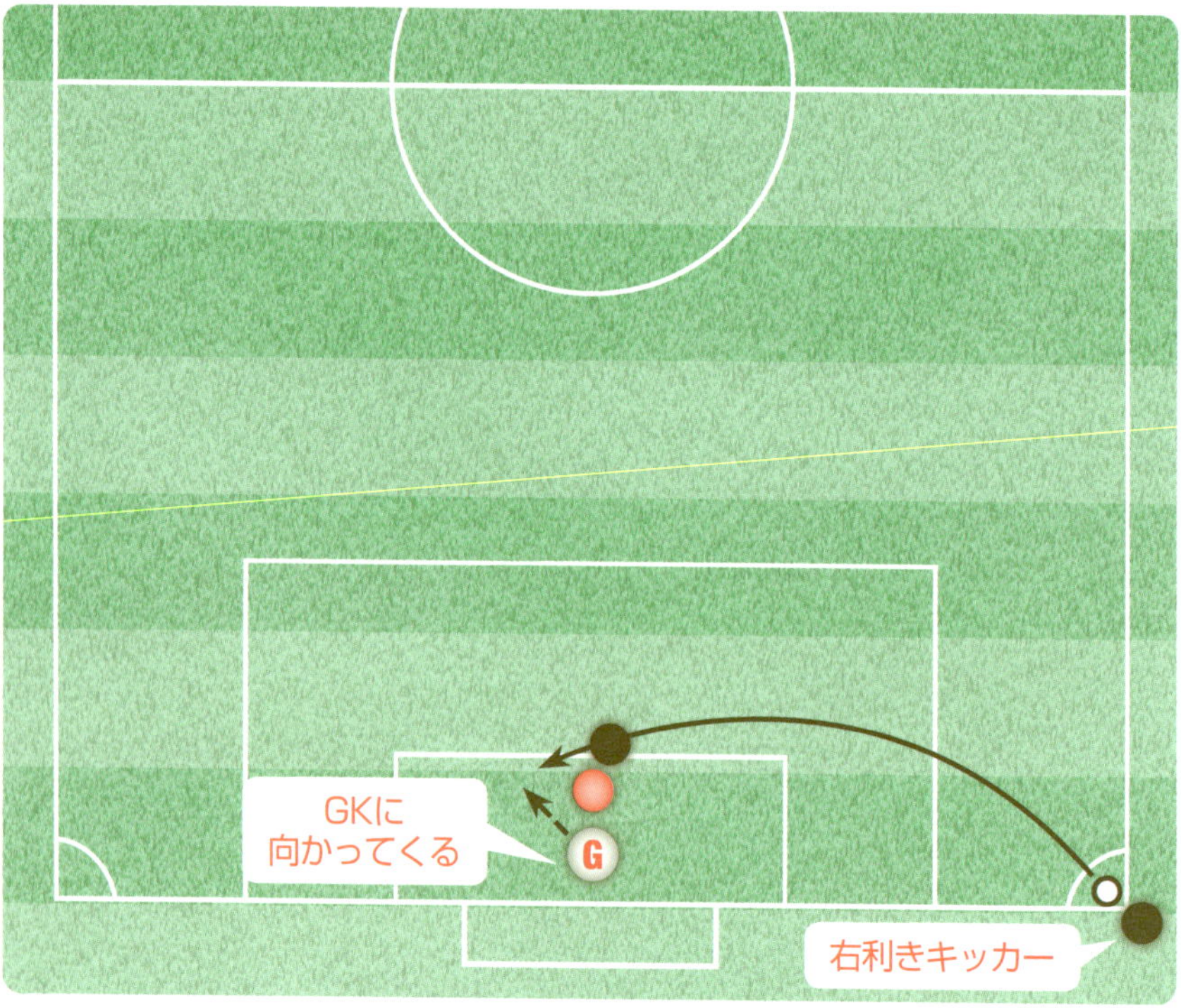

ゴールに向かってくる

インスイングのキッカーの場合、ゴールに向かってくる軌道になるので、ＧＫが前に出ることが多くなります。

早めに動き過ぎない

GKから見て、右サイドからのコーナーキックで右利きの選手、左サイドからのコーナーキックで左利きの選手がボールを蹴った場合は、内側にカーブがかかるインスイングのボールになります。GKのほうにボールが向かってくる軌道になり、ゴールエリア付近にボールが入って来ることが多いので、GKが前に出て処理することが多くなります。

大事なのはキッカーが蹴る前に動かないこと。キッカーによっては直接ゴールを狙ってくることもあるので、キッカーがボールを蹴る瞬間まで両足をつけておいて、ボールの軌道が確定してから動き出すことを心掛けましょう。

インスイングのCKの守り方

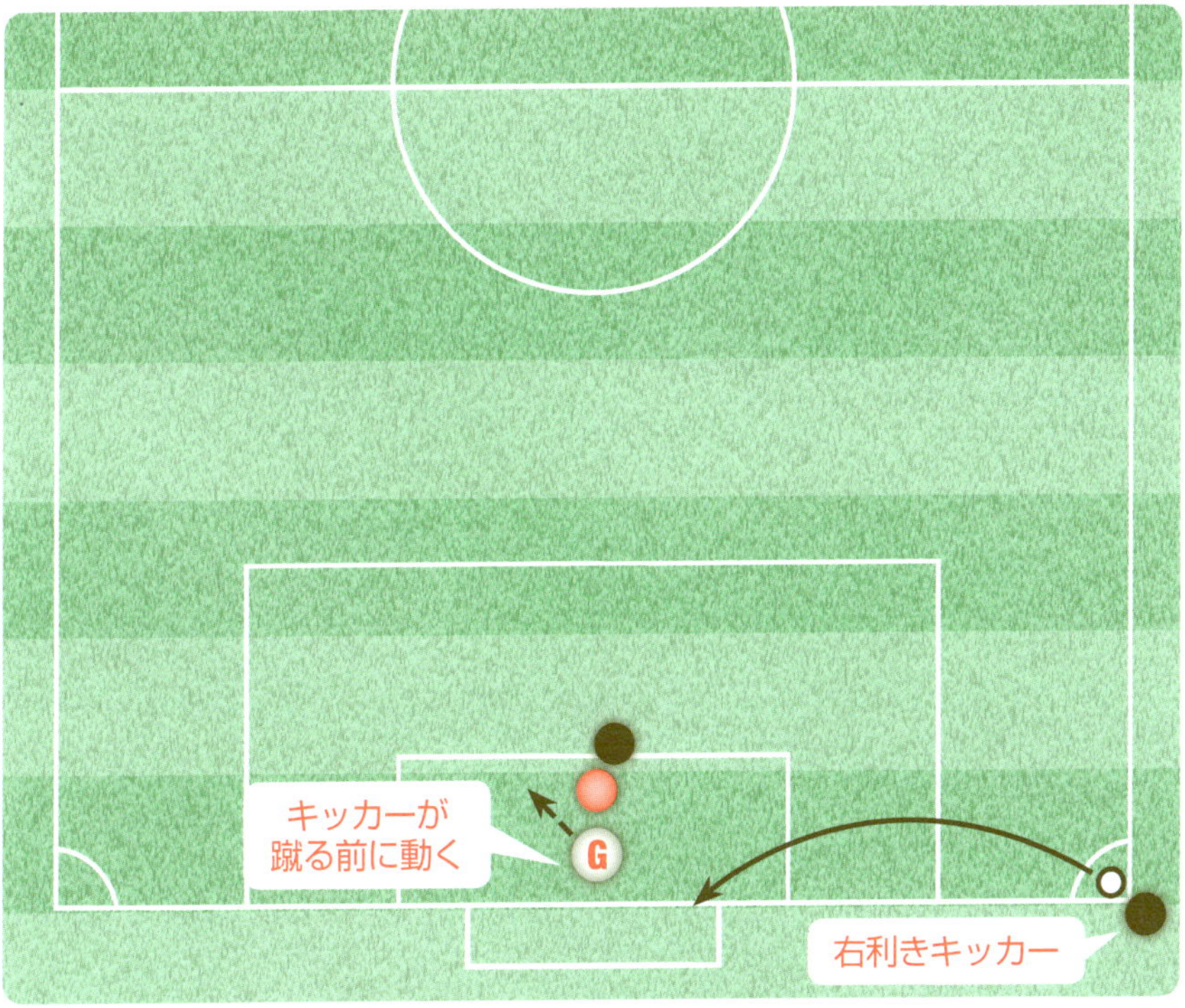

先に動き過ぎない

GKが先に動くと、直接ゴールを決められる可能性があるので、キッカーの足からボールが離れるまで待ちます。

アウトスイングのボールはゴール前に合わせてくる

アウトスイングのＣＫの守り方

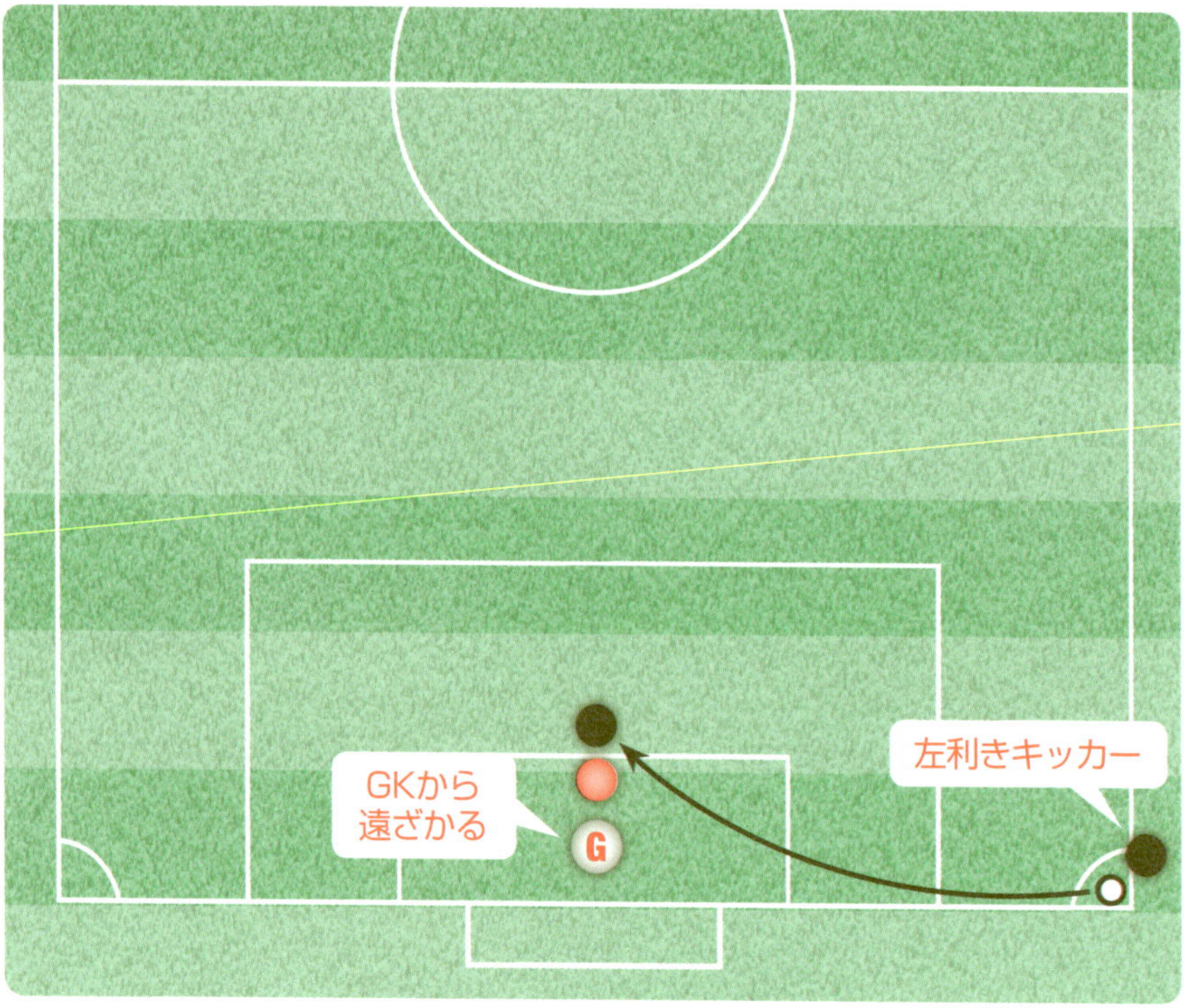

ゴールから離れていく

アウトスイングのキッカーの場合、ゴールから離れていく軌道になるので、ＧＫが出る回数は少なくなります。

冷静な判断力が必要になる

右サイドからのコーナーキックで左利きの選手、左サイドからのコーナーキックで右利きの選手がボールを蹴った場合は、外側にカーブがかかるアウトスイングのボールになります。一発で合わせてくることもあれば、ファーの選手に合わせてワンクッションを入れることもあります。

ゴールから離れていくボールに対して、自分がプレーできると思ったら積極的にチャレンジしましょう。ただしGKがゴールを離れて、もしもボールに触ることができなければ、がら空きのゴールにシュートを打たれてしまいます。出るべきか、待つべきかを見極める判断力が重要です。

アウトスイングのCKの守り方

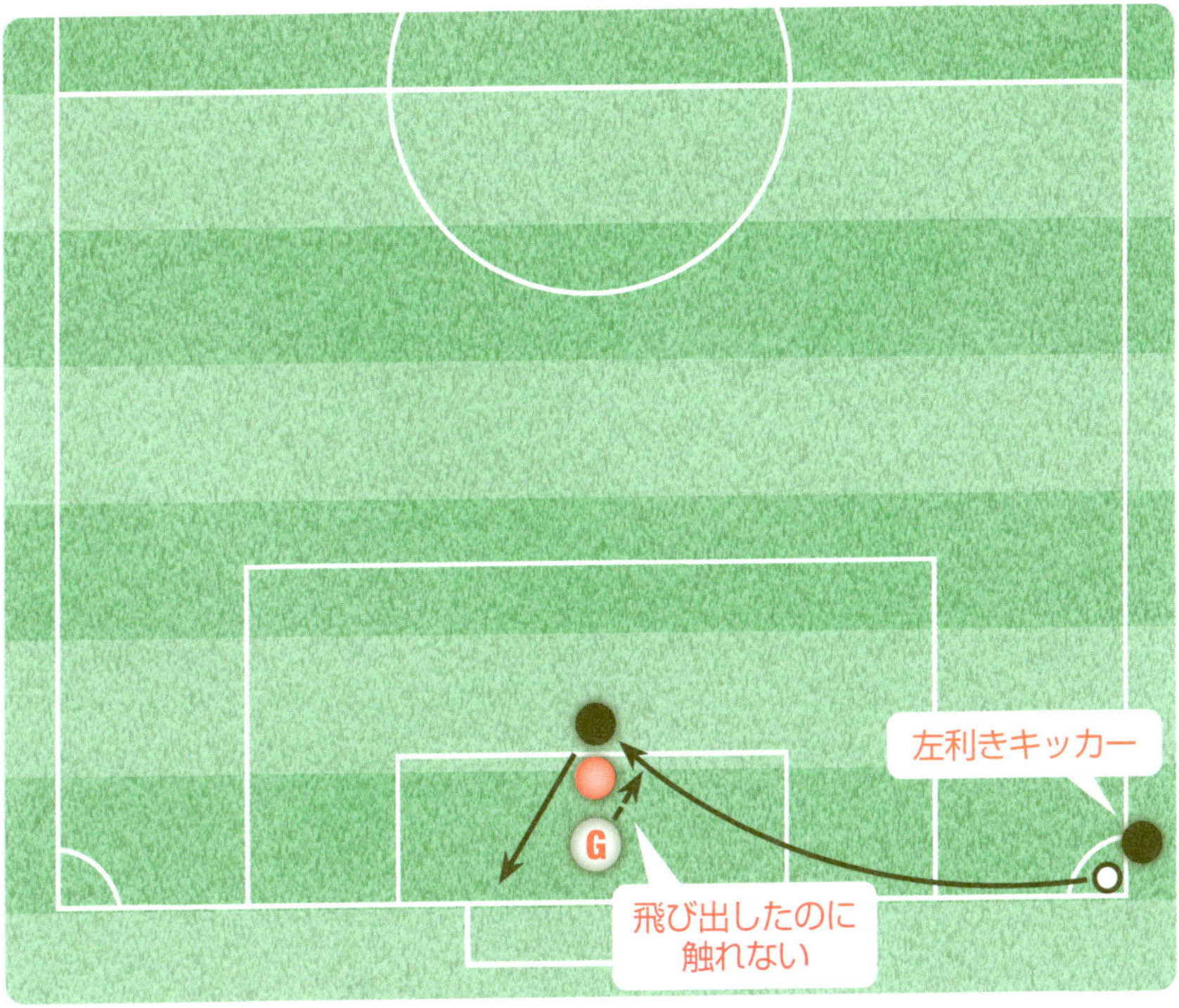

無謀な飛び出しは×

ゴールから遠い位置のボールに対して、GKが飛び出すと触れずに、決定的なピンチを招くことも。

ショートコーナーは混乱を最小限に抑える

ショートコーナーの守り方

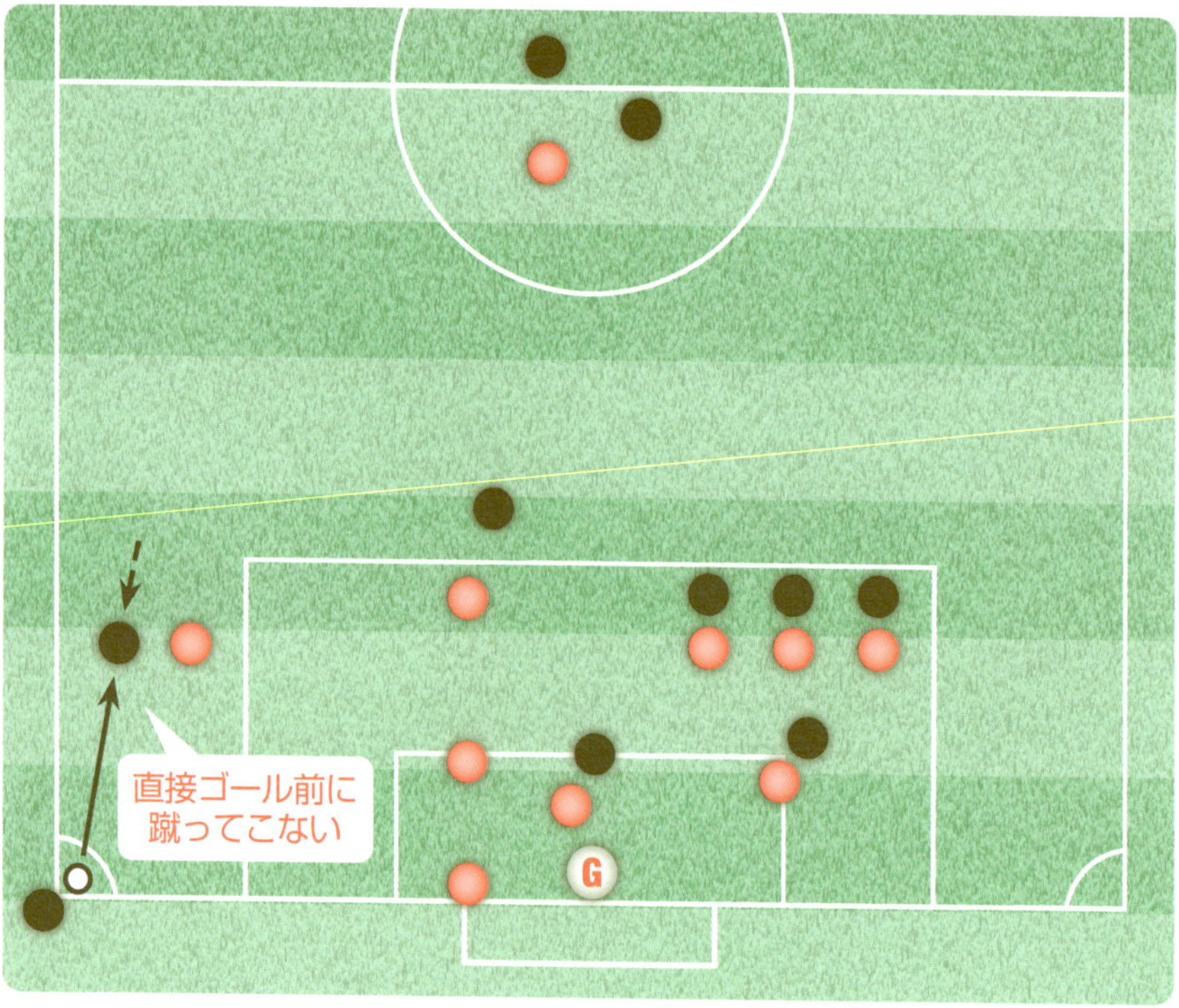

近くの選手にパス

相手がゴール前に直接蹴り込まず、キッカーの近くの選手にパスを出したところからスタートしてきます。

セーフティーにプレーする

セットプレーで直接ボールを入れてくるのではなく、近くの選手にパスをつないでから攻撃してくるのがショートコーナーです。ショートコーナーの狙いは、こちらのディフェンスを混乱させることにあります。コーナーキックの前にディフェンスをセットしますが、ショートコーナーでボールが動いた隙に、マークを外してフリーになろうとする戦術です。

バラバラにプレーしてしまうのが最も危険なので、マンツーマンで守っている場合は、そのままマークを担当します。ゾーンでもショートコーナーが終わるまではポジションチェンジを行わないほうがセーフティーです。

ショートコーナーの守り方

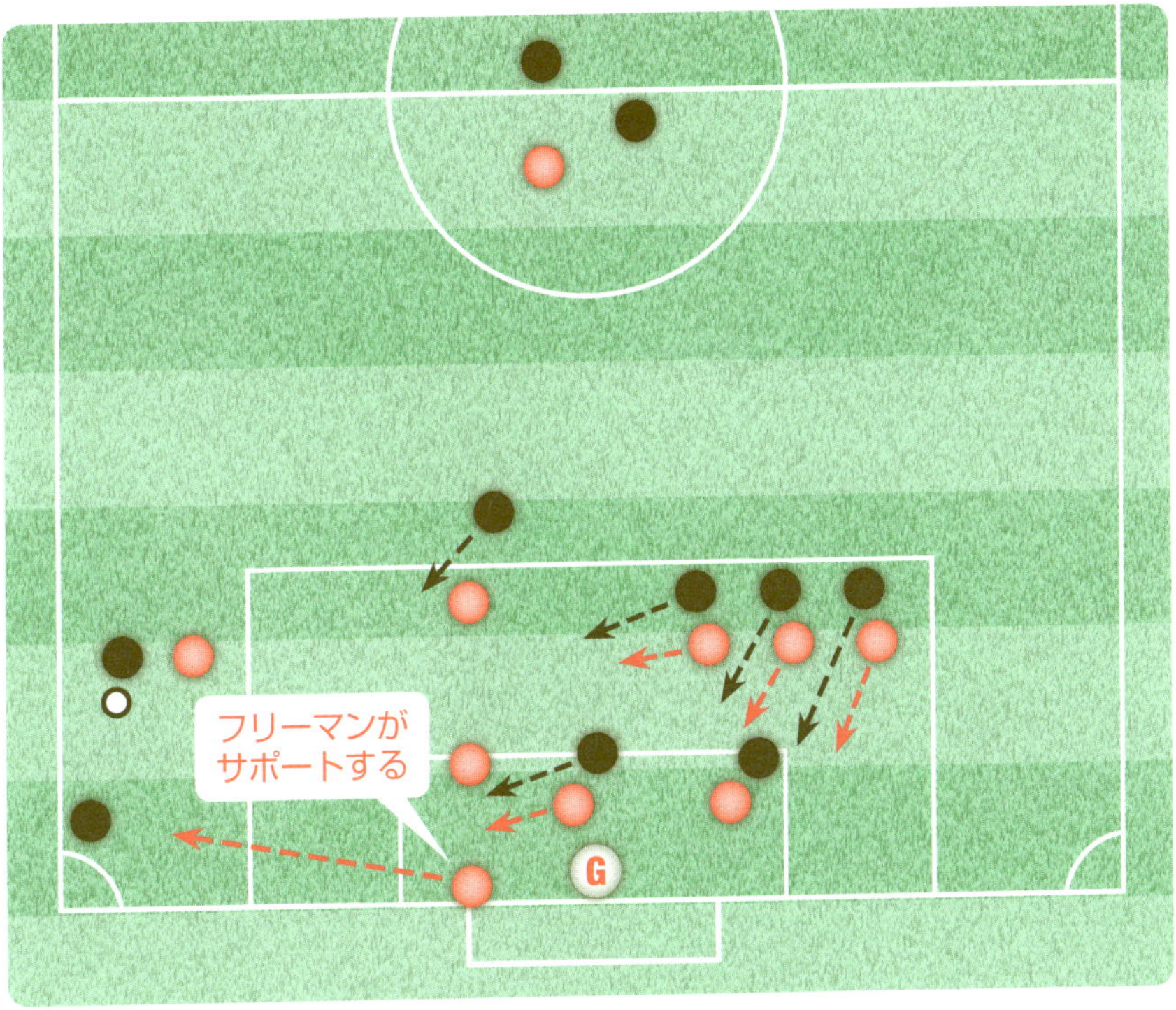

フリーマンがサポート

ショートコーナーでマークのズレが生じた場合は、フリーマンの選手がサポートしてマークにつきます。

壁を作ることから FKの守備は始まる

ＦＫの壁の作り方

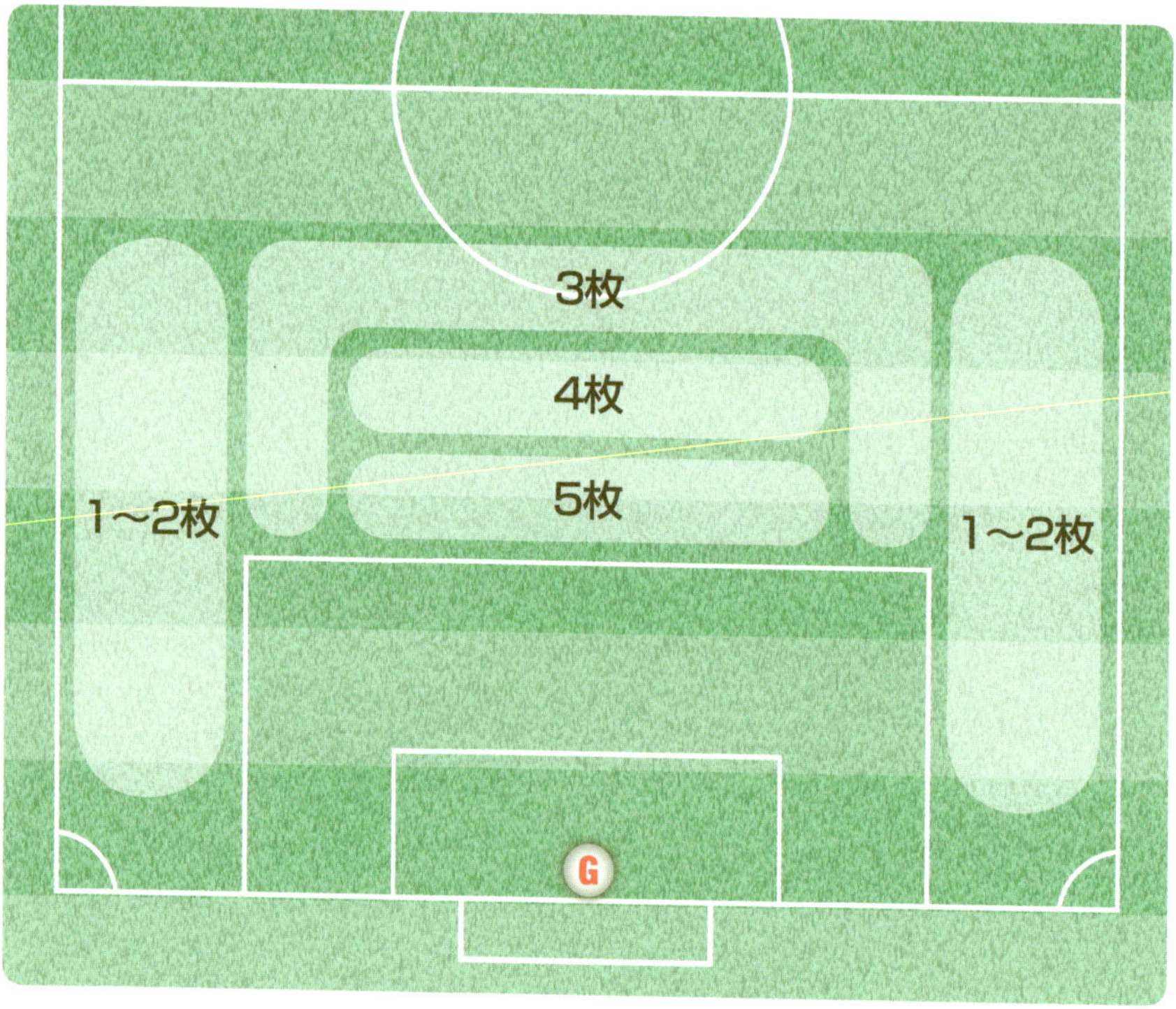

基本的な壁の枚数

FKの壁の枚数はゴールまでの距離や角度によって変わるので、目安を覚えておきましょう。

2枚目が基準になる

直接フリーキックはサッカーの中でも、とても重要なゴールパターンです。そこでGKにできる大きな仕事が壁を作ることです。壁をしっかりと作れずにゴールを決められるのは、GKの責任と言っても過言ではありません。

壁の基本枚数は5枚。壁の基準となるのはニアポストの延長線上の選手で、ここに2枚目を立たせて、その外側に1枚目、内側に3、4、5枚目と並べていきます。

チーム内で一番背の高い選手を配置するのは直線的にシュートを狙える2枚目のところです。できれば、3、4枚目にも大きな選手がいるとGKとしては守りやすくなります。

FKの壁の作り方

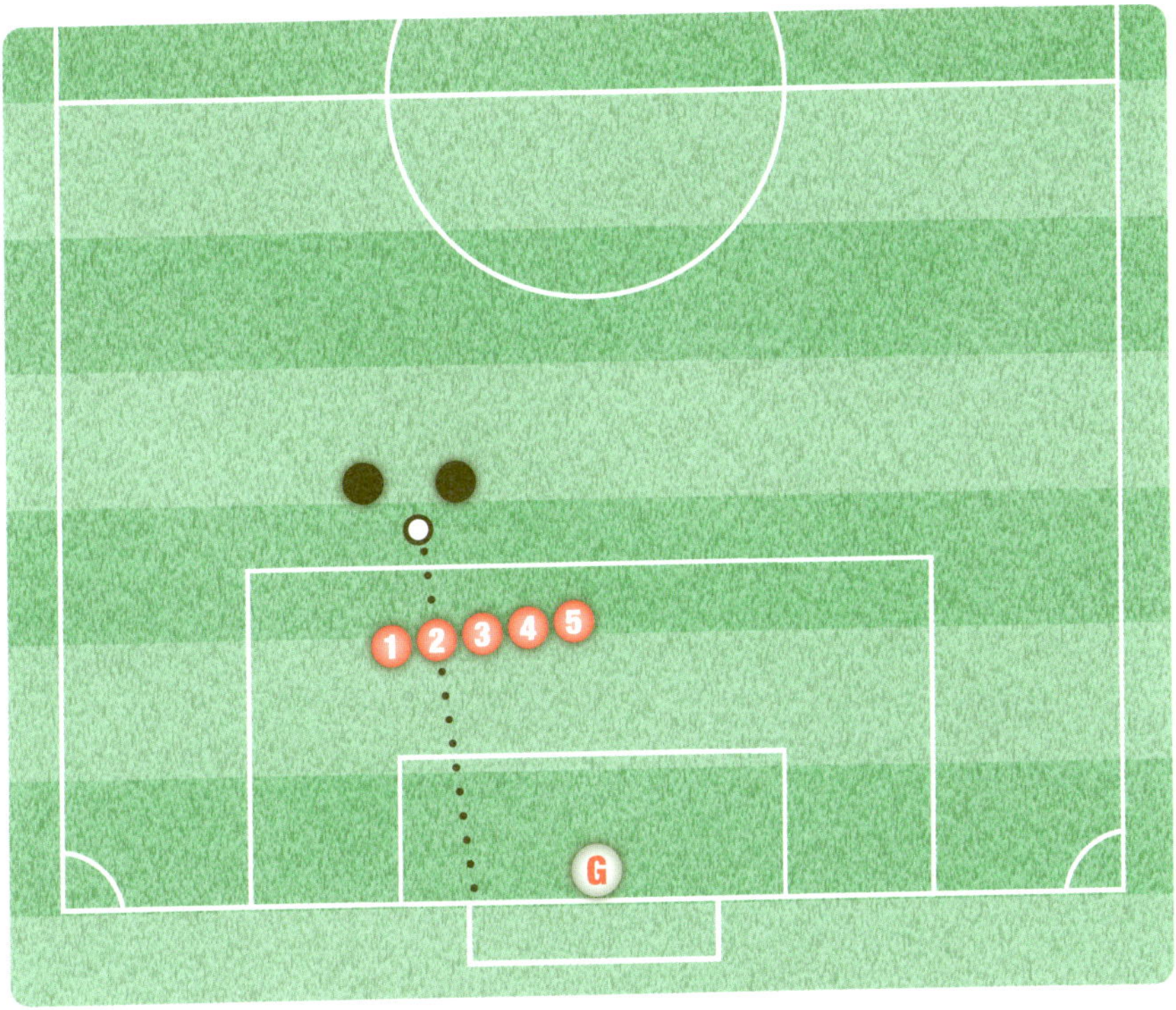

5枚で壁を作る

ペナルティーエリアの中に壁を作るときの枚数は5枚です。ボールとニアポストを結んだ延長上の位置を基準にします。

キッカーの蹴り足でコースは変わる！

右利きが蹴ってくる場合

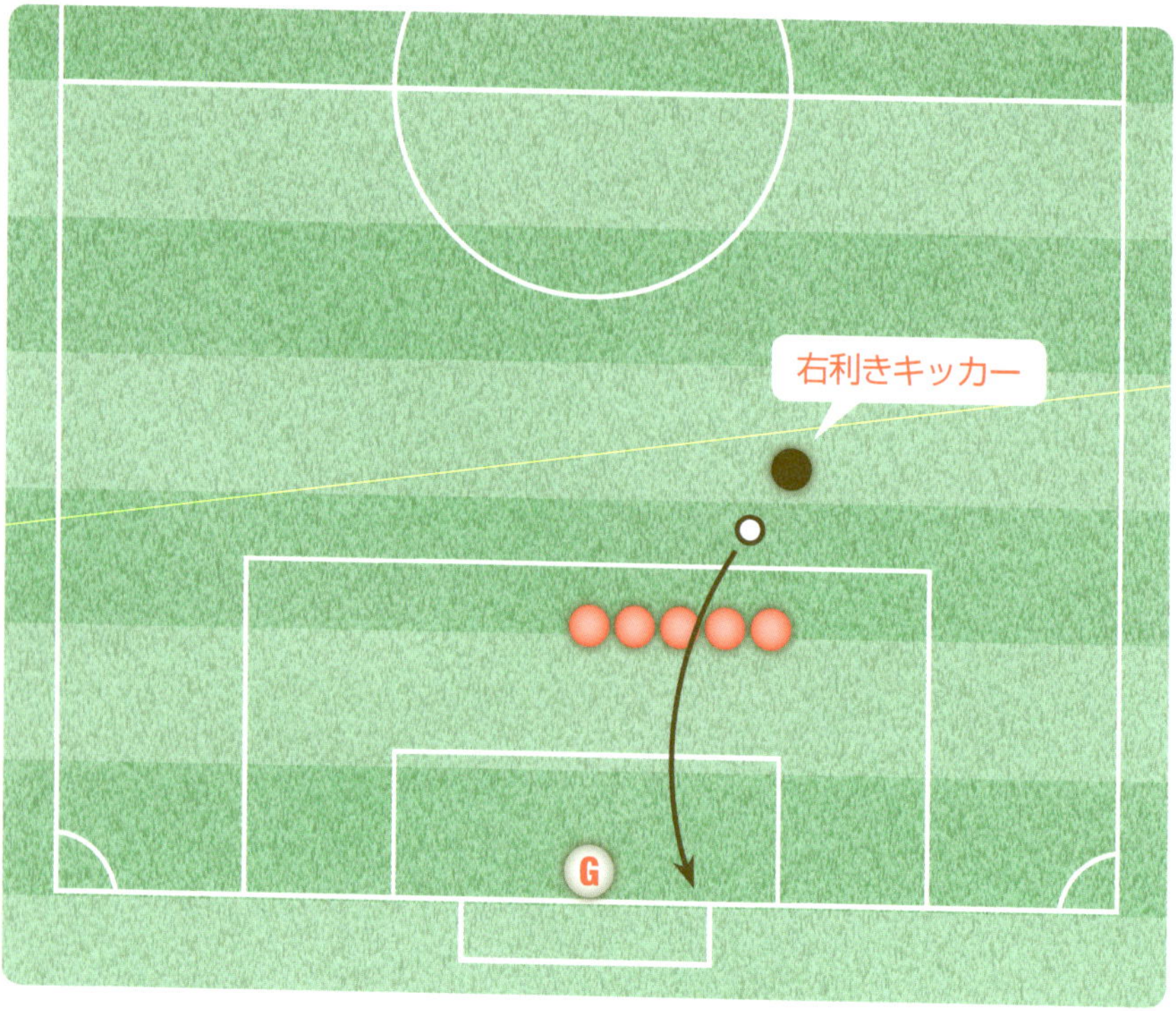

ニアを狙いやすい

GKから見て右45度からのＦＫを右利きが蹴る場合、ＧＫから見て右側のコースを狙ってくる可能性が高くなります。

ヤマを張ると逆を突かれる

フリーキックの守り方で重要なのが相手のキッカーの蹴り足です。右足で蹴ってくるのか、左足で蹴ってくるのかでボールの軌道、狙ってくるコースは変わります。ゴール前でのフリーキックでは多くのチームが右利きと左利きを1枚ずつ置いて、どちらが打つかわからないようにしてきます。

例えば、左利きのキッカーのほうが精度が高くて、そっちが打ってくる確率が高いと思っていても、最初から左利きのキッカーが蹴ることを想定したポジションをとったり、先に動いたりしてしまうと逆を突かれてしまいます。どちらが打ってきても反応できるようにしましょう。

左利きが蹴ってくる場合

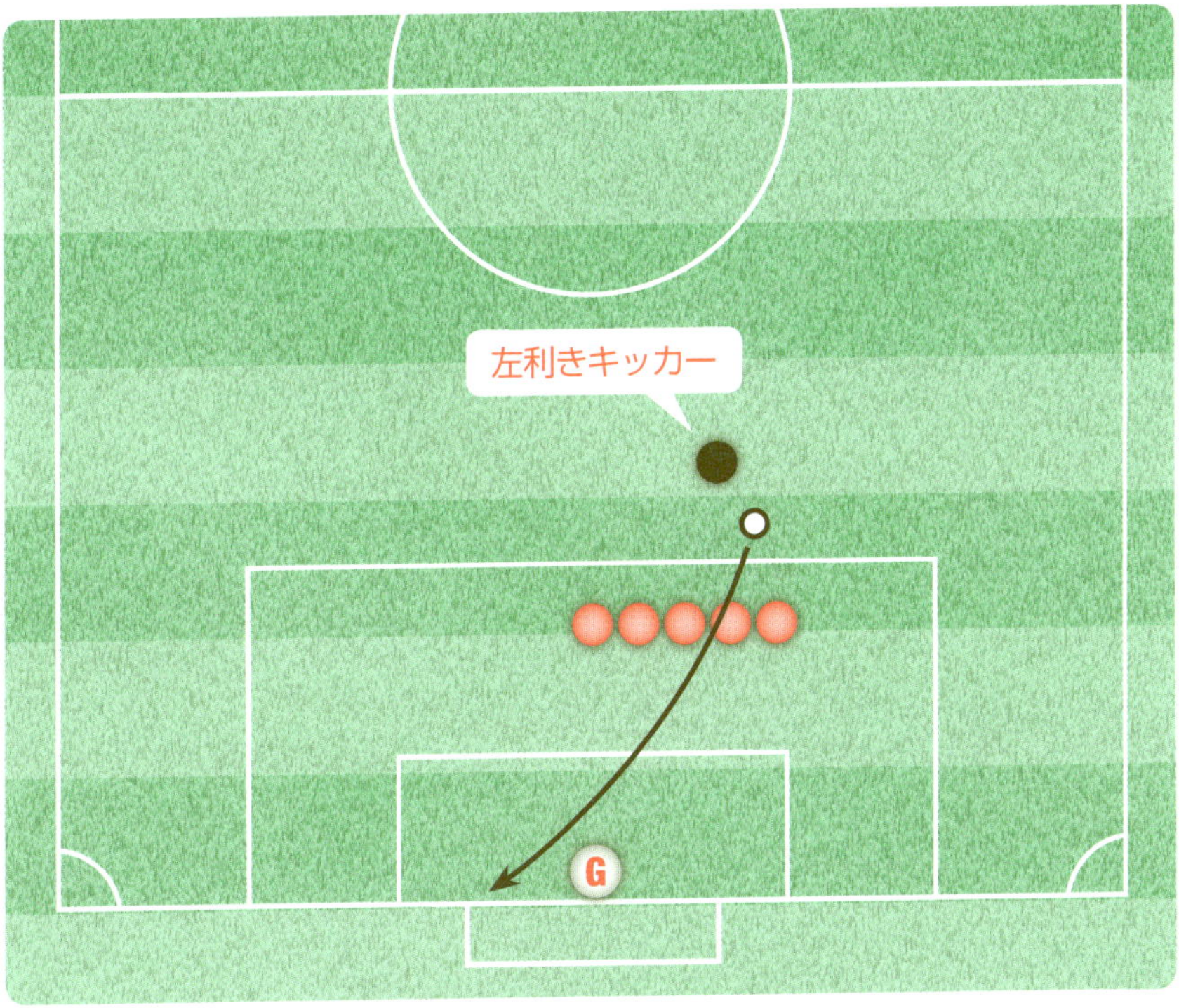

ファーを狙いやすい

GKから見て右45度からのＦＫを左利きが蹴る場合、ＧＫから見て左側のコースを狙ってくる可能性が高くなります。

GKとDFラインの間のスペースをカバーする

サイドからのＦＫの守り方

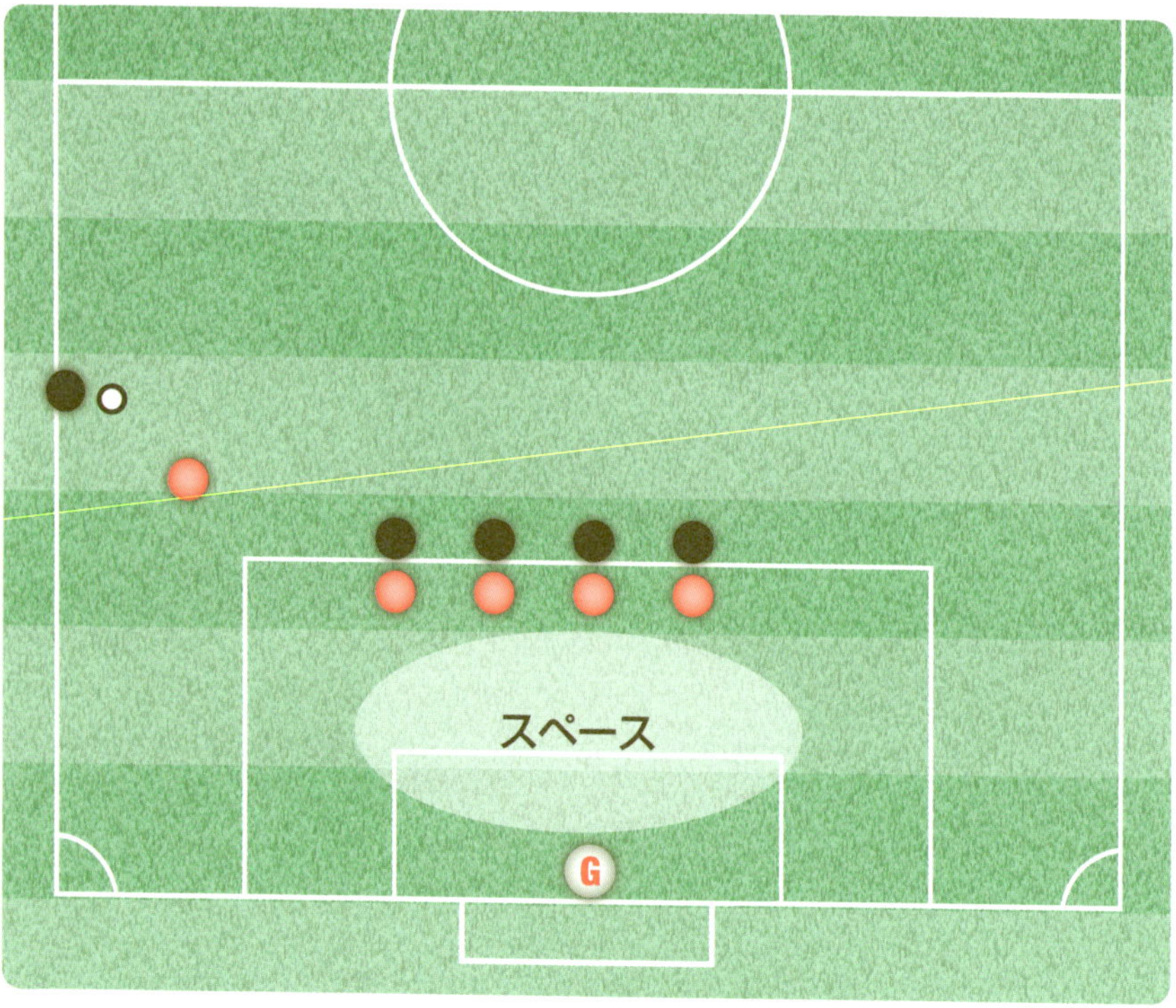

ゴール前のスペースが空く

ＣＫに比べて、ＤＦラインとＧＫの間にスペースができるので、しっかりとカバーする必要があります。

前に出られる準備をしておく

サイドからのフリーキックの場合、考え方としてはコーナーキックとほぼ同じです。最も大きな違いは、オフサイドがあること。前線に飛び出した瞬間にDFラインを上げて、オフサイドに引っ掛けるという守り方もあります。ただし、うまく抜け出されてしまえば、GKと1対1になってしまいます。

GKの大きな仕事はDFラインとGKの間のスペースをカバーすることになります。キッカーはスペースにボールを落としてくる可能性が高いので、先に触れるように準備しておきましょう。

また、ボールの前に立つ壁の人数は、キッカーの人数によって変えます。

サイドからのFKの守り方

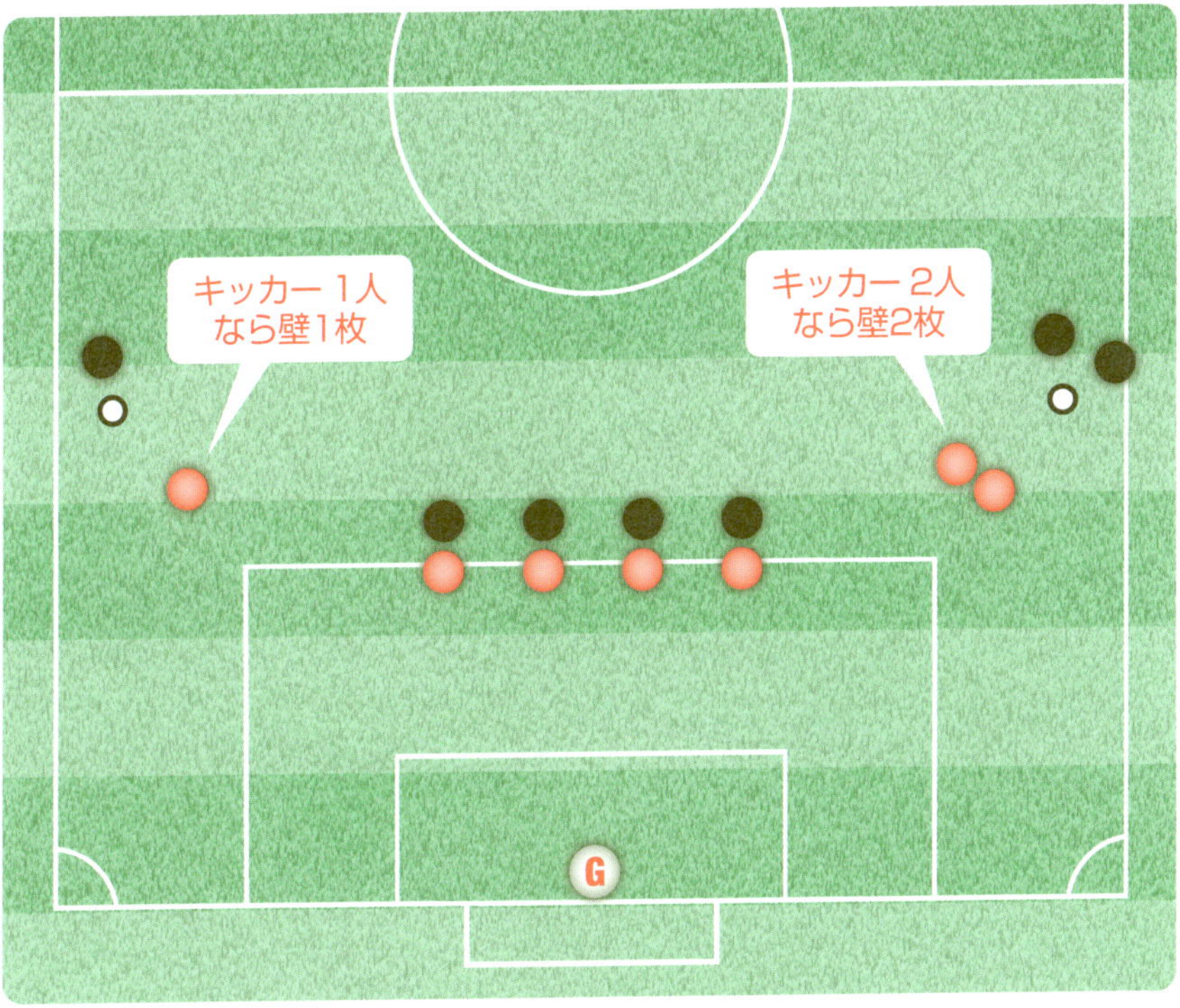

壁の枚数は1or2枚

サイドからのFKでは、相手のキッカーの人数に合わせて、壁に立つ人数を変えます。

PKはシューターの助走・目線・癖を読む!

PKの止め方

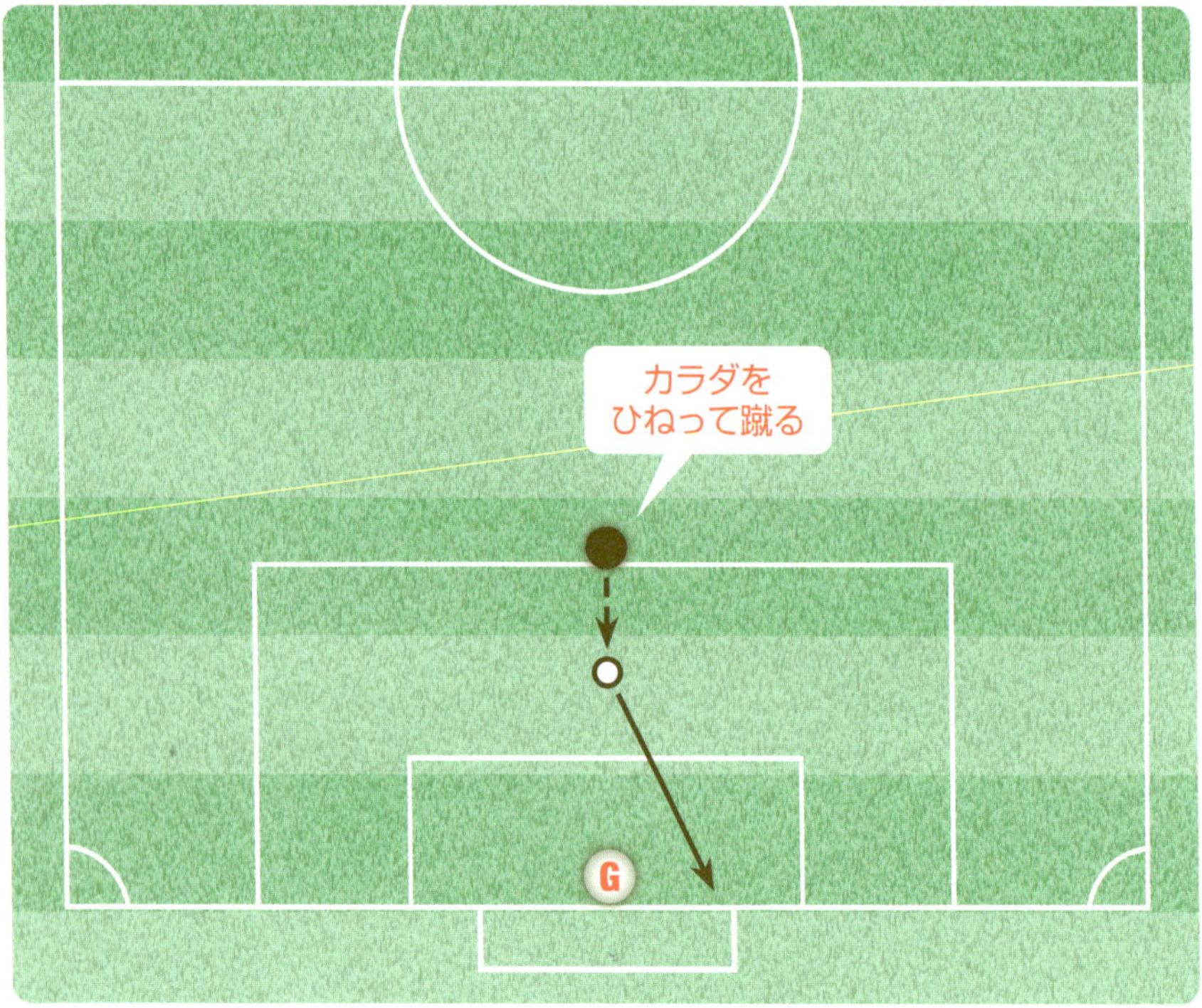

まっすぐの助走

キッカーがまっすぐ助走をしてきた場合は、カラダをひねって利き足と反対側を狙ってくる可能性が高くなります。

自分の時間でプレーする

ペナルティーキック（PK）は7：3でキッカーが有利だと言われています。ただし、「決めて当たり前」という状況は、相手にも大きなプレッシャーがかかっているということです。キッカーが蹴る前に水を飲んだり、ゆっくりとポジションをとったり、自分の時間でプレーすることで、止められる確率は上がります。

また、試合中のプレーで相手の癖をインプットしておき、どんなボールを蹴ってくるかを予測することもポイントです。PKの場合、シュートを打たれてから反応していては間に合いません。ただし、先に動き過ぎると逆を取られてしまうので気をつけましょう。

PKの止め方

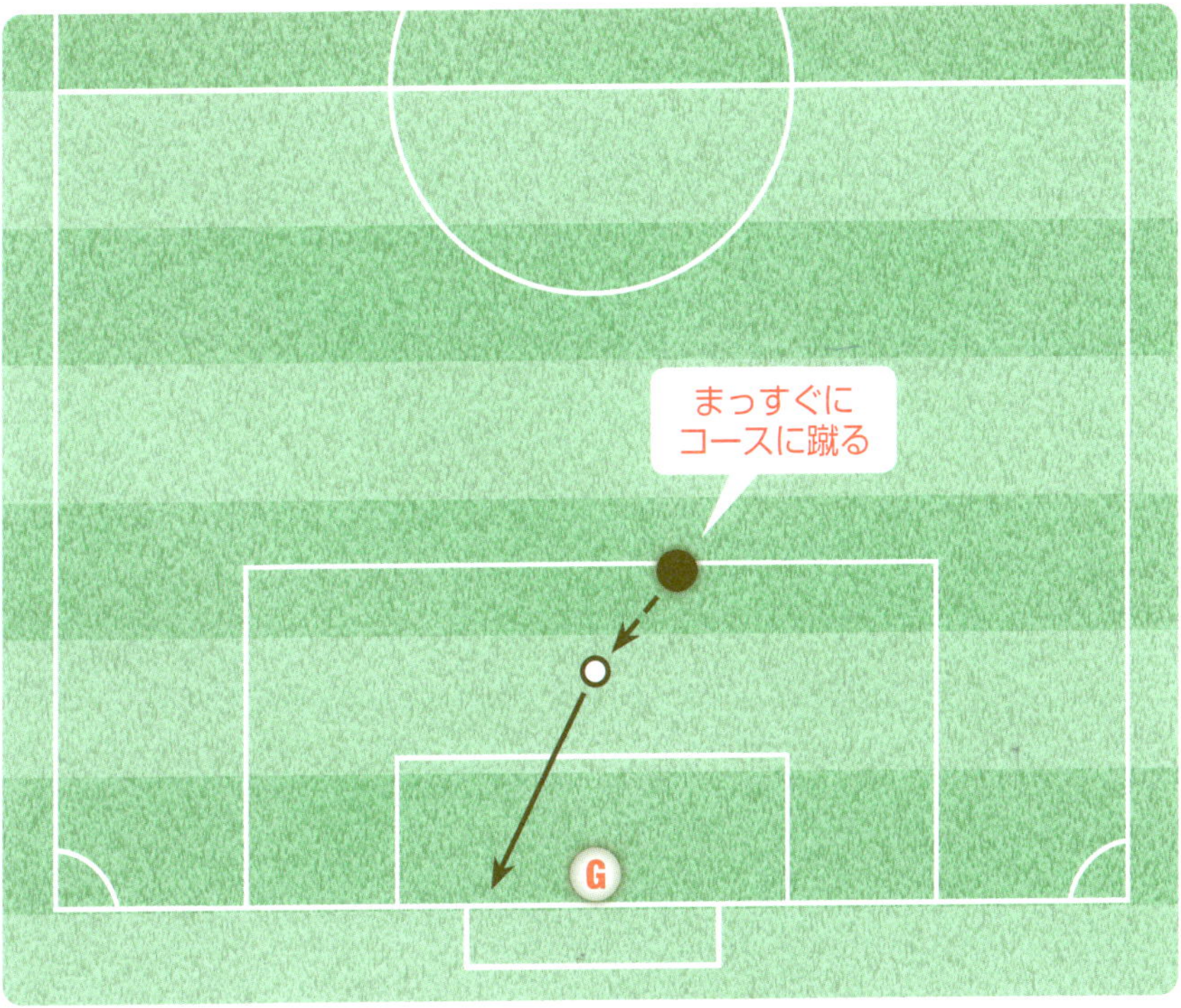

ナナメの助走

キッカーがナナメに助走してきた場合は、蹴り足側のコースを狙って蹴ってくる可能性が高くなります。

column 6

声を出すことでＧＫの存在感を出す

権田修一のコーチング論

コーチングの目的というのは、味方を動かすことだけではありません。相手に対して「自分はここにいる！」という存在感を示す目的もあります。

ハイボールが上がって来て、ゴール前で相手ＦＷとＧＫが競り合うシーンを想像してみて下さい。黙ってプレーするＧＫと、大きな声を出してプレーするＧＫでは、どちらが相手にとって嫌でしょうか？

プレー自体は変わらなくても、ＧＫが声を出していることによって、相手ＦＷに「ＧＫが来ているな」と思わせられますし、間接的なプレッシャーを与えることができます。

自分のペースでプレーするためにも、声を出すことは重要です。満員のスタジアムでは、すぐ近くにいる選手にさえ声が通らないことがあります。

味方に届かないとしても、いつもと同じように声を出し続けることによって、自分のペースが保てるのです。声を出していないと、気がつかないうちに試合の雰囲気にのまれ、普段通りのプレーができなくなってしまいます。

とはいえ、試合中にずっとしゃべっていれば良いわけではありません。コーチングの真の目的はチームの勝利です。ゴールをしっかりと守って、チームを勝たせる。そのために必要な声を90分間出し続けるのが、ＧＫの仕事です。

Chapter 07

スロー＆フィード

Throw & Feed

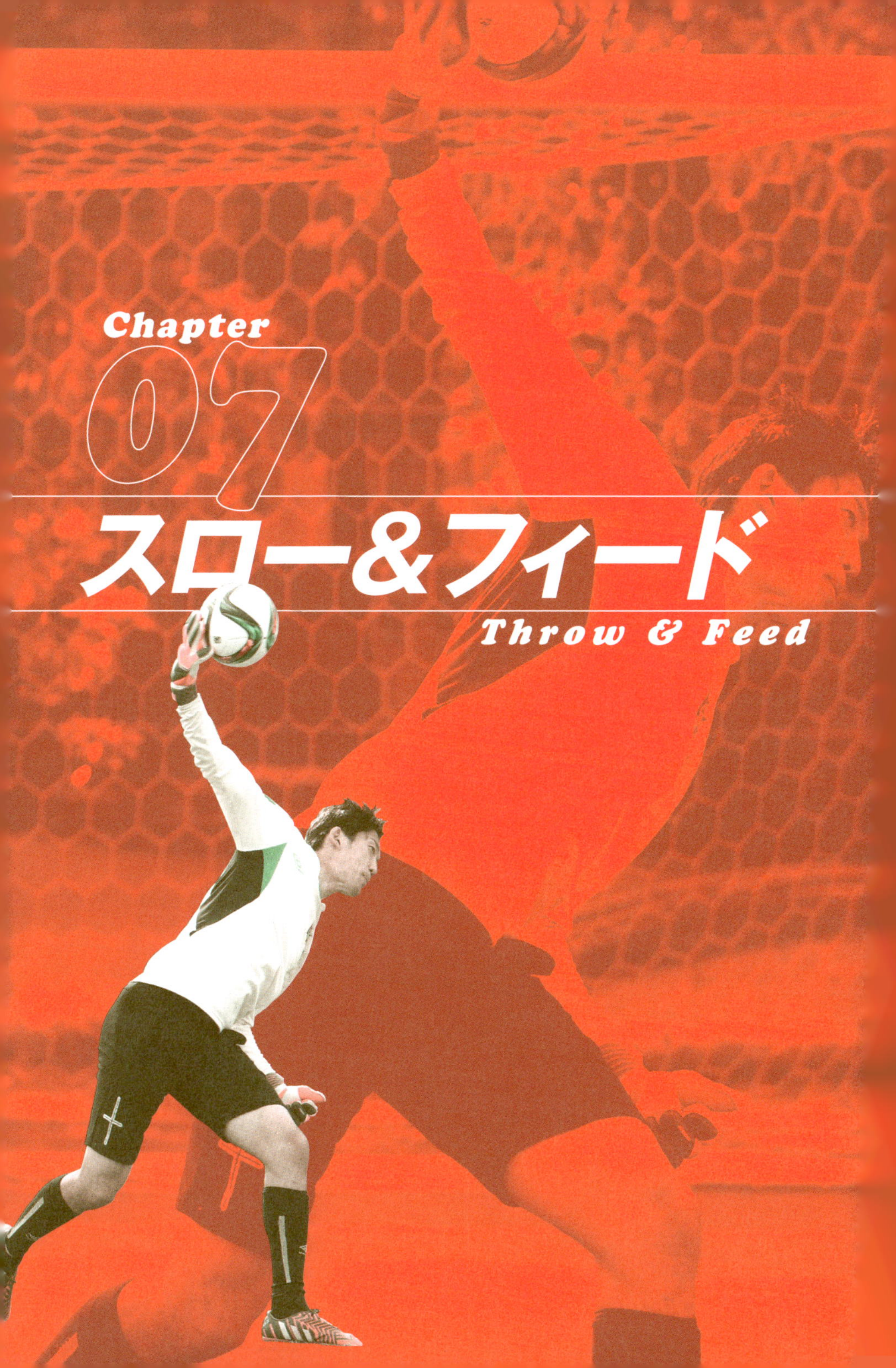

Chapter 7

Throw & Feed

GKは攻撃の起点にならないといけない!

現代サッカーではＧＫにも攻撃の起点となるプレーが求められるようになっています。ＧＫにとってゴールを守る技術が最も重要なのは言うまでもありませんが、それだけではもはや十分とは言えなくなっているのです。

攻撃の起点となるために、僕が最も意識しているのは「速さ」です。ＧＫがキャッチしてマイボールになった後、素早くスローやフィードから味方につなげば、相手の守備が整う前に攻められるので、カウンターになりやすいからです。

僕がシュートをキャッチすることに強くこだわっているのは、そのためでもあります。ＧＫがキャッチで相手の攻撃を終わらせることができれば、そこから攻撃を仕掛けていけます。

ＧＫの攻撃意識が高ければ、チームメートの動き出しも変わります。シュートをキャッチした瞬間に、ボールを受けようとしてくれ

ます。〝ＧＫ発のカウンター〟ができるようになれば、それはチームにとって一つの武器になるのです。

その一方で、マイボールになってもあえて急がずに、ゆっくりとプレーをすることもあります。例えば、自分たちのチームがリードしていて、それを守りたいときや、味方が疲れているから、休む時間を作ったほうが良いときなど。試合の状況に応じて、最適なプレーを選ぶことも重要です。

また、ボールポゼッションを重視するチームでは、足元の技術があるか、安定してパスをつなげるかがＧＫの必須条件となります。ＡとＢという選手がいて、Ａのほうがシュートを止める技術が高くても、Ｂのほうが足元の技術に優れていれば、戦術的にフィットするＢが正ＧＫになるということもあります。それだけ、現代サッカーにおけるＧＫに求められるプレーは変わってきているということなのです。

ゴールキックの狙いどころ

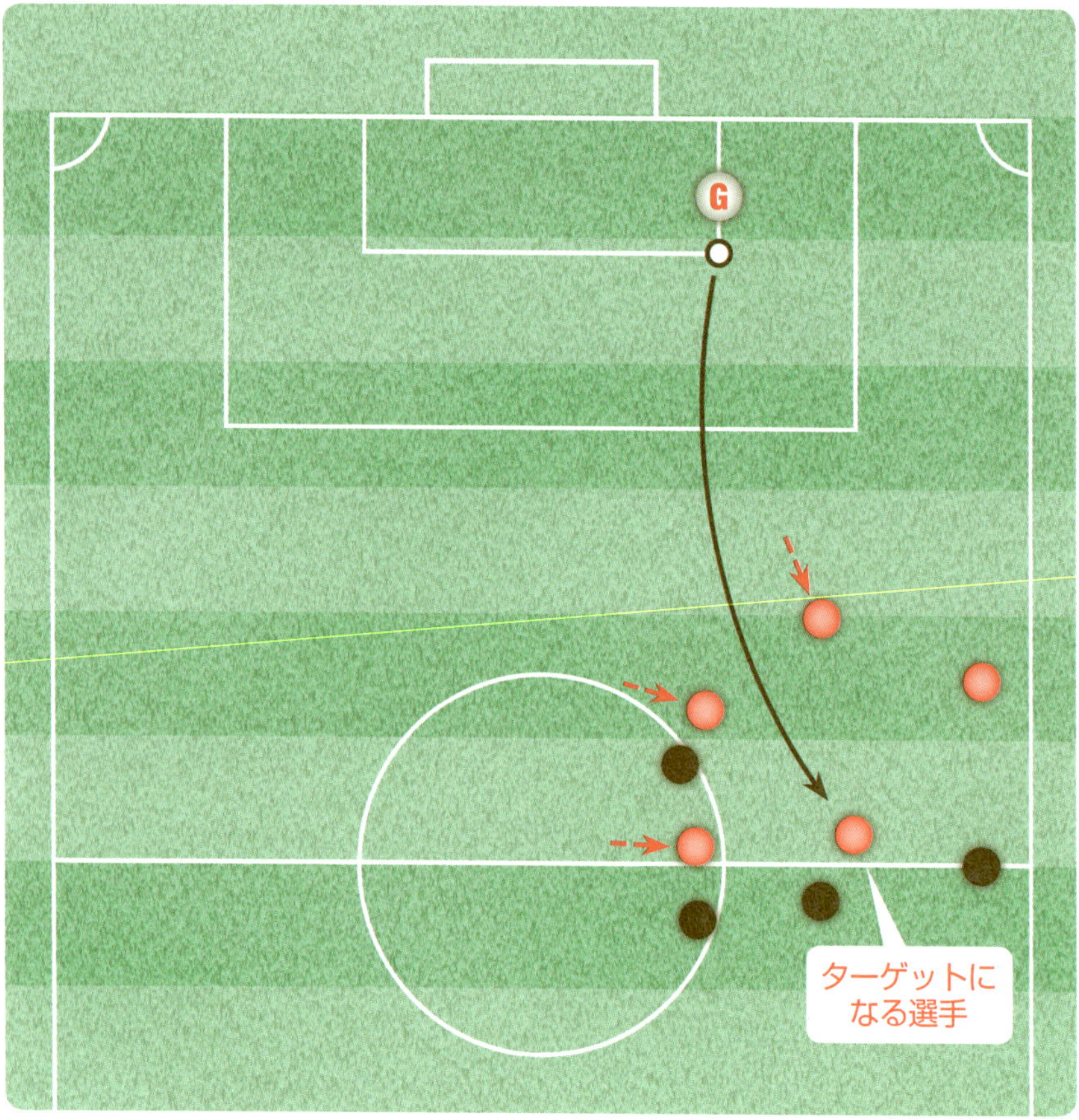

長いボールを蹴る

前線の空中戦に強い選手を目掛けて蹴ります。他の選手はその選手の近くに寄って、セカンドボールを狙います。

前線に蹴るか後ろからつなぐか

ゴールキックには長いボールを蹴る場合と、後方の選手につなぐ場合の2種類があります。

長いボールを蹴る場合のターゲットになるのは前線にいる、空中戦に強い選手です。ターゲットが決まっていれば、他の選手はその選手の周辺にポジションをとります。こうすれば、相手と競り合ってボールがこぼれても、拾える確率が高くなります。

グラウンダーのパスをつなぐ場合は、センターバックの選手にワイドな位置に開いてもらったところに出します。相手が前からプレスをかけてきたときは、無理につながず、長いボールに切り替えましょう。

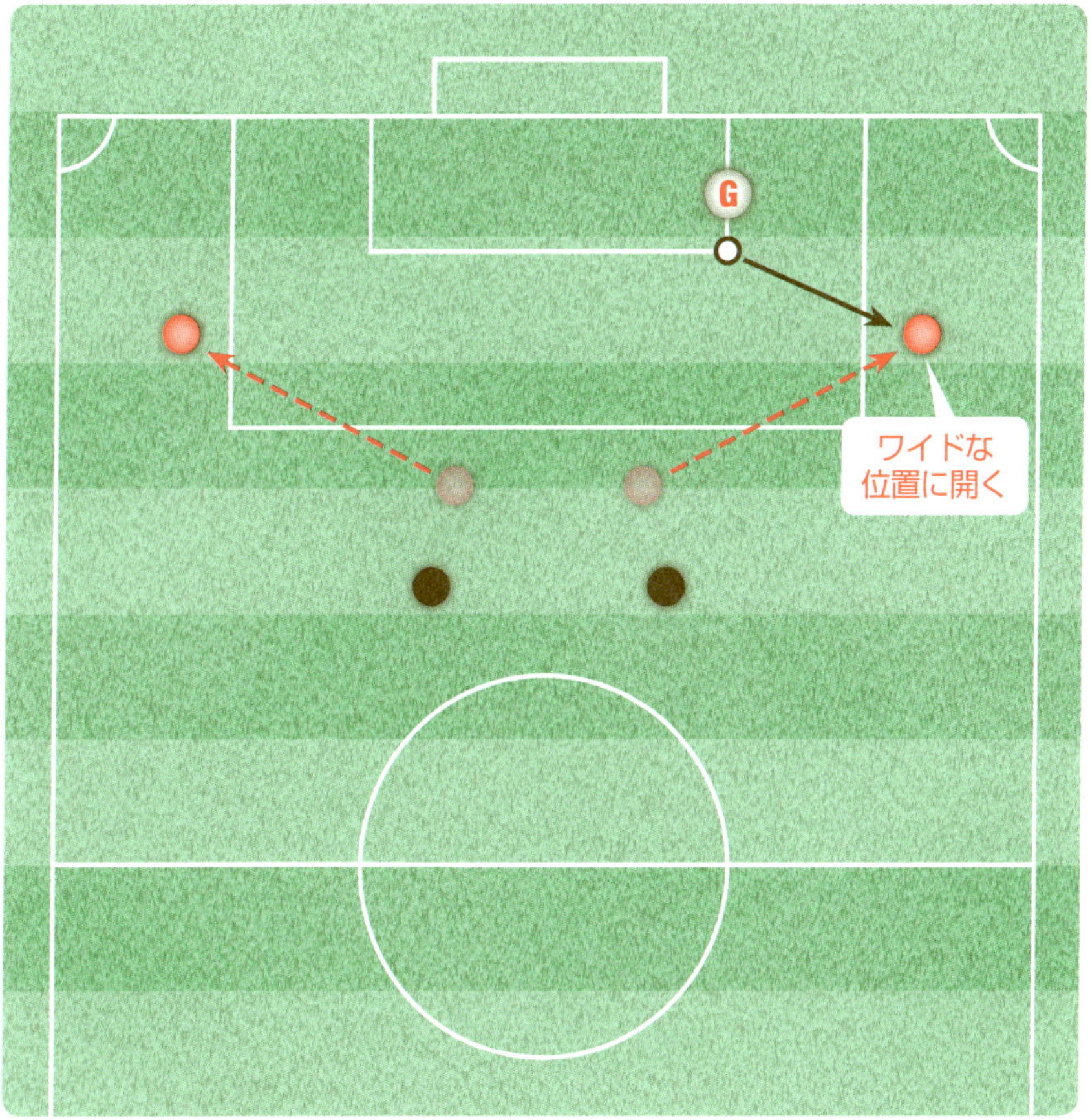

後方からつなぐ

ゴールキックを蹴る前に味方にパスを受けやすい位置に移動してもらい、そこにグラウンダーでつなぎます。

ボールの真ん中よりやや下を蹴る

ボールから２メートルほど離れた、ナナメ後ろの位置から助走を開始します

1

ボールを蹴るほうと逆の手を振り上げてバランスをとります

2

軸足をボールの横に踏み込み、蹴り足をコンパクトに振り上げ……

3

権田POINT

カラダをリラックスさせて

カラダに力が入った状態では、良いキックはできません。ゴールキックだから特別に遠くに飛ばそうと力むのではなく、通常のロングキックと同じようにリラックスして行うことがポイントです。

4

ボールの真ん中よりもやや下に足を入れて、足の甲でインパクトします

5

ボールを蹴った後はフォロースルーをとって、しっかりとパワーを伝えます

遠くに飛ばそうと思い過ぎない

ゴールキックが飛ばないと悩んでいる選手は意外に多いものです。遠くに飛ばそうとして、助走を長くとったり、大きく足を振り上げて蹴ったりする選手もいますが、実はほとんど意味がありません。

大事なのはボールに当てる瞬間にパワーを集中させてインパクトすること。プロの選手のキックを見ていれば、短い助走とコンパクトなバックスイングで蹴っていることがわかるはずです。

ゴールキックの場合はボールの真ん中よりやや下を蹴ると、高さが出ます。味方の選手の特徴に合わせて高さや、ボールのスピードを蹴り分けられるようになればベストです。

トスとキックのタイミングを合わせる

ボールを手に持っている状態から、キック体勢に入っていきます

1

手に持ったボールを、蹴り足の前のスペースにトスします

2

カラダを軽くナナメに倒しながら、蹴り足を回し込んで……

3

権田POINT

自分のフォームは崩さない

ボールを持ったときに、味方の動きが見えると、速く蹴りたくなるもの。でも、慌てて蹴るとミスが起こりやすくなります。急いでいるときでも自分のフォームは崩さず、丁寧なキックを心掛けましょう。

4

足の甲がやや上を向いているタイミングで、ボールにインパクトします

5

蹴った後に、しっかりと振り抜くことでボールに勢いがつきます

蹴るまでの動作をスピーディーに

パントキックのポイントは、手に持ったボールを離すところと、浮き球をキックするところのタイミングを合わせることです。このタイミングがズレてしまうと、ボールの中心を正確にインパクトすることができません。

試合中にパントキックを行う機会は何度も訪れますが、スコアや試合の流れによって、求められるボールは変わります。

カウンターを狙えるときは、味方にできるだけ早く届くように、浮き過ぎないライナー気味のボールを蹴ります。試合終盤でリードしていて、味方が疲れているときは、あえて高々とボールを蹴り上げて時間を稼ぎます。

肩をしっかりと回して投げる

3

肘は最後まで曲げません。カラダの中心を少し越えたあたりでボールをリリースします

4

投げた後にフォロースルーをしっかりとって、ボールを押し出します

強いボールを味方に届ける

キャッチしたボールを近くの選手にパスし、攻撃を仕掛けたいときは、キックよりもスローのほうが速く、なおかつ正確に出すことができます。スローの中でも、10メートル以上離れている味方にパスするときに行うのがオーバーハンドスローです。

大事なのは「腕」だけでなく、「全身」を使ってボールを投げること。腕の力だけで強いボールを投げようとすると、フォームに無理が生じるので、肩を痛める原因にもなります。

肩を軸に円を描くようなイメージで腕をしっかりと回します。投げるというよりは、ボールを押し出すというイメージで行いましょう。

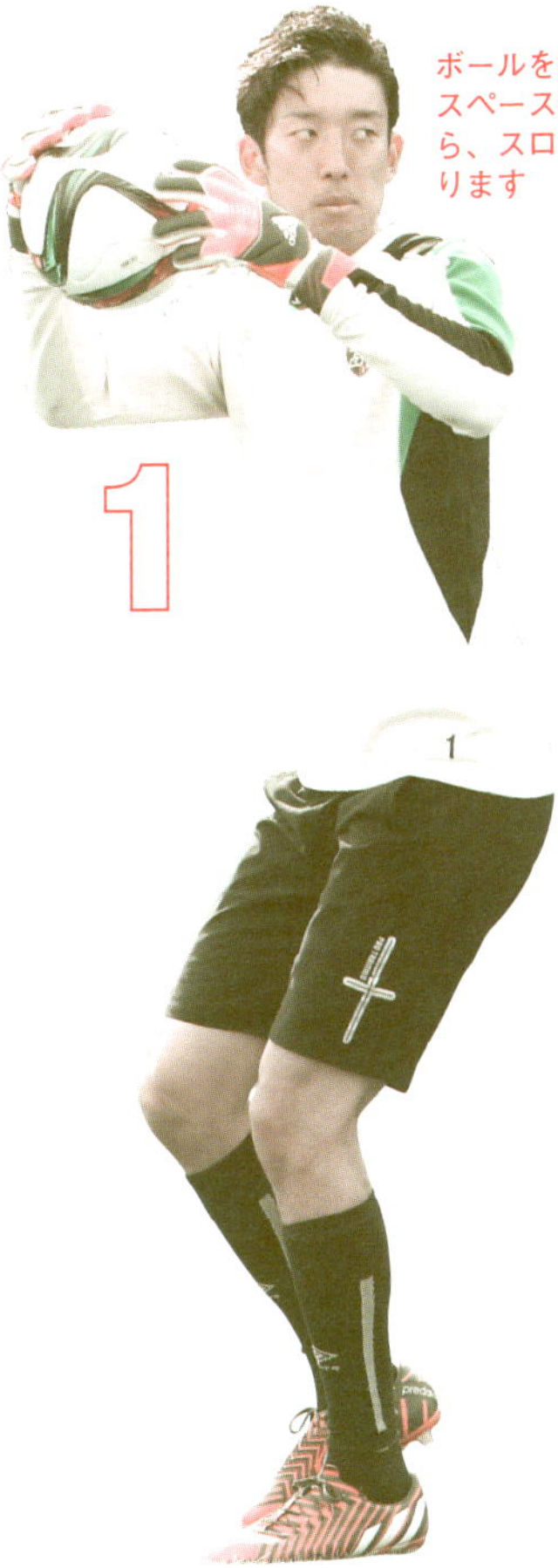

1

ボールを投げる味方やスペースを確認しながら、スローの体勢に入ります

2

手の平を上に向けてボールをつかんだところから、円を描くようなイメージで肩を回します

ゴロは地面を滑らせて受けやすくする

膝を曲げて低い体勢になり、地面にボールが接するぐらいの位置からリリースします

3

芝生にボールを滑らせるようなイメージを持ちながら、フォロースルーを行います

4

パスの質を微調整する

ゴロのパスを出したいときは、アンダーハンドスローを使います。最大の利点はボールのスピードや投げる位置のコントロールが容易にできることです。

味方の選手のカラダの向きや、周辺のスペース、相手との距離に合わせて、どこの足に出すのか、どのぐらいのスピードで出すのかを微調整しましょう。ただし、アンダーハンドスローはオーバーハンドスローに比べてスピードが出ないので、遠い距離の味方に出すときには適していません。

ボールを投げるときのポイントは芝生の上を気持ち良く滑らせるようなイメージで、低い位置でリリースすることです。

1 小股でステップを踏みながら、グラウンダーのスローの体勢に入ります

2 手に持ったボールを後ろに持ち上げてから、その反動を使って腕を下ろしていきます

ビルドアップに参加する

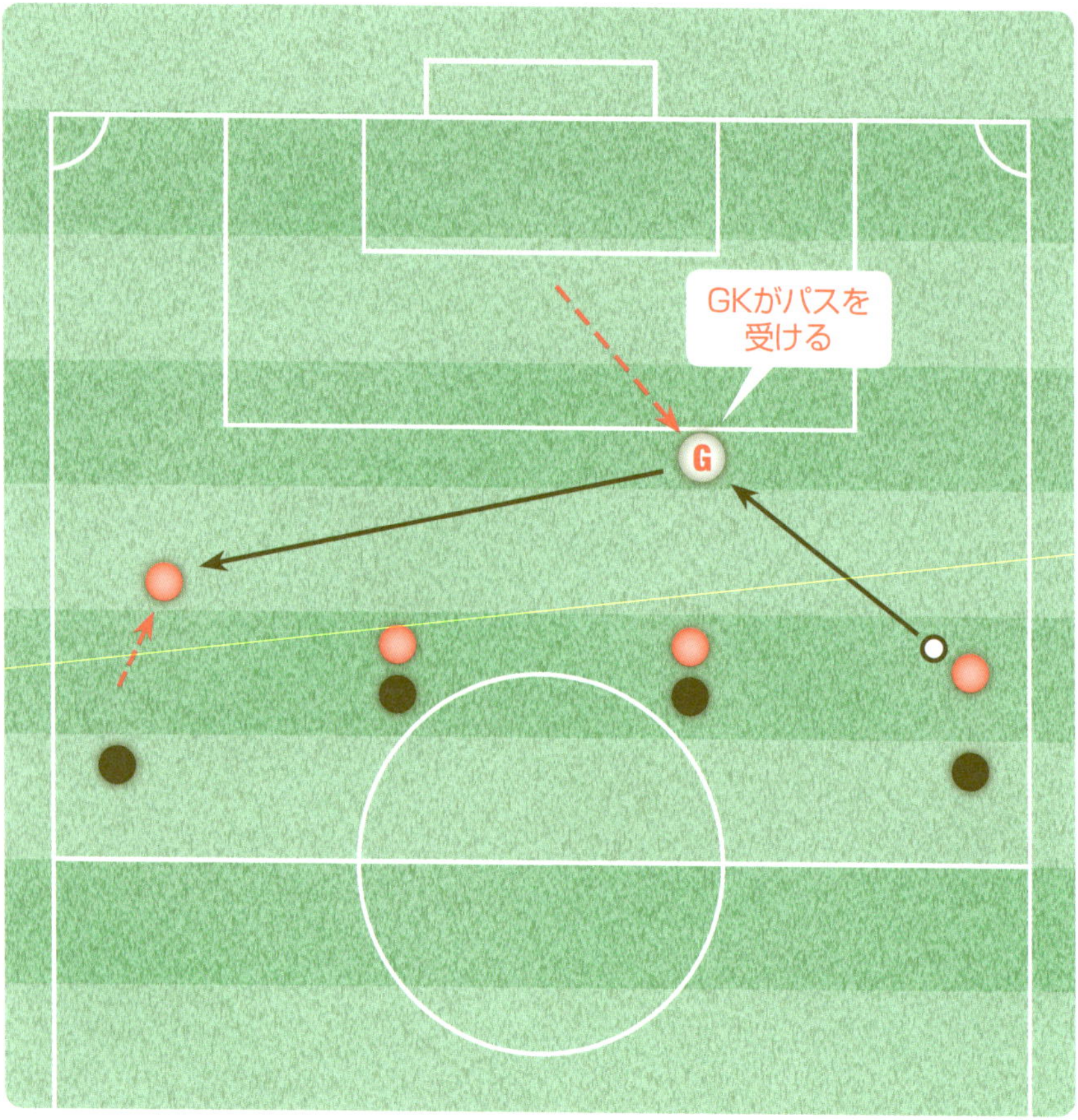

GKがビルドアップに参加するチーム

GKがビルドアップに参加できれば、後方で数的優位を作ってパスを回し続けることができます。

試合を優位に運ぶことができる

マイボール時にどのようにプレーするかというのは、現代サッカーのGKにとって重要な能力です。

GKは基本的には常に最後尾でフリーになっています。ですから、ボールを持った選手がプレッシャーをかけられて、パスを出す場所がなくなったときでも、GKが受け手になれれば、ボールを失うことはありません。

GKがしっかりとボールをつないでビルドアップすることができるチームは、ピッチ上で11対10の数的優位になっているようなもの。ボールを保持する時間が長くなれば、試合のペースをコントロールしながら優位にプレーすることができます。

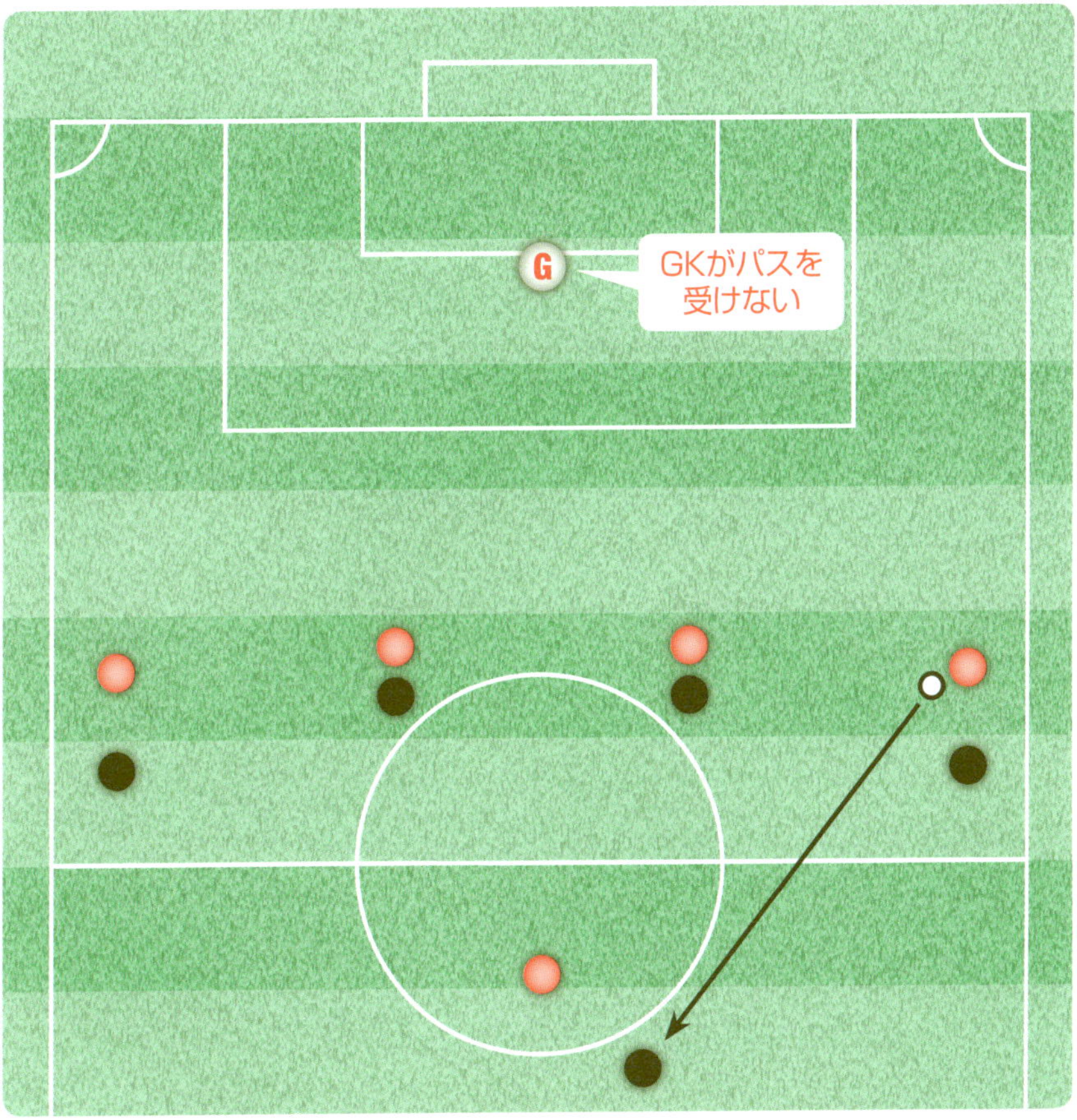

GKがビルドアップに参加しないチーム

GKがビルドアップに参加しなければ、パスコースが一つ少ないので、ボールを失いやすくなります。

バックパスはゴールから外れた位置で受ける

○

ゴールの枠から外れると安全

バックパスを受けるときのセオリーはゴールの枠から外れる位置に移動すること。この位置であれば、トラップミスをしたとしても、そのままゴールに決まることがありません。味方の選手も安心してパスを出すことができます。

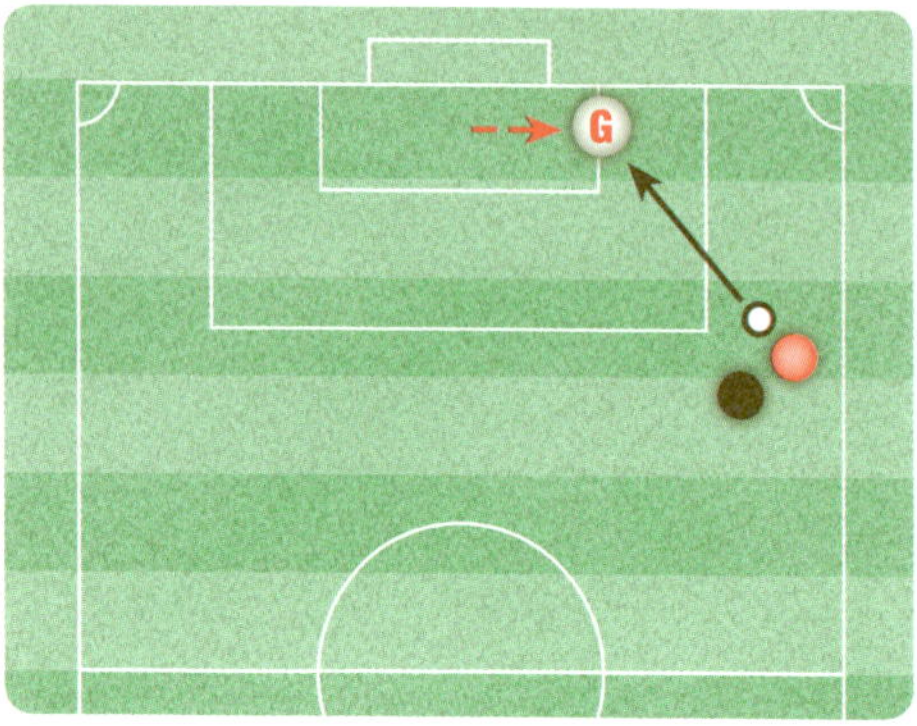

権田POINT

パスが来ることを予測する

バックパスが味方から来るかもしれないということは、プレッシャーの受け方や、味方のカラダの向きで予測できます。あらかじめ準備をしておけば、ポジションの移動もスムーズです。

ゴールの枠内で受けるのは危険

ゴールのライン上でパスを受けると、トラップミスをしたときや、味方のパスがズレたりしたときに、そのままゴールに決まってしまう可能性があります。よほど時間がないとき以外は、ゴールの枠内で受けるのは危険です。

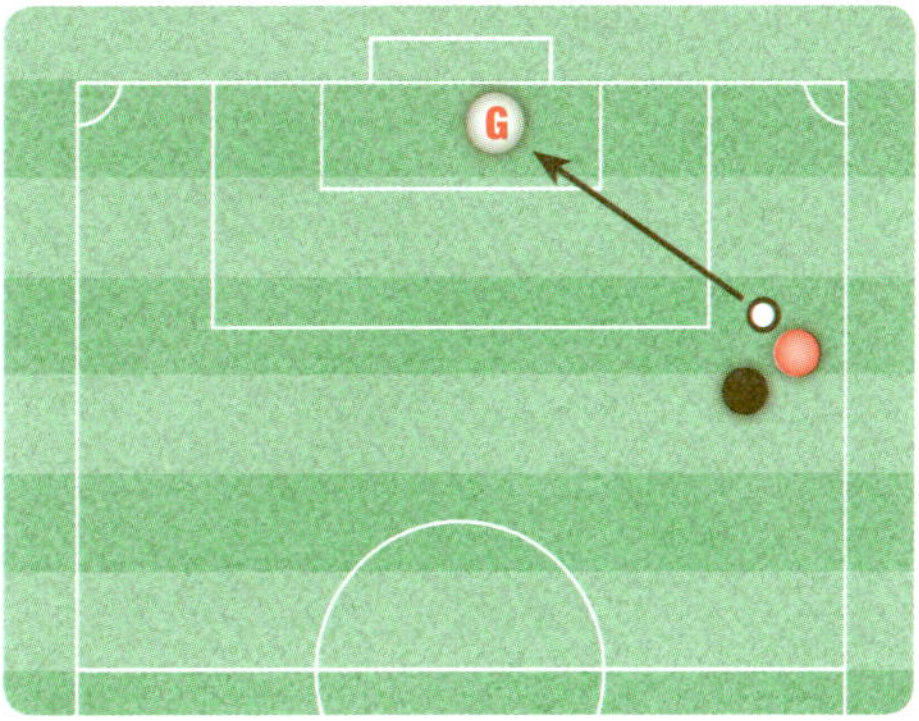

ボールが動いている間に首を振る

バックパスのボールが味方の足下から離れて、GKである自分の元に届くまでには、わずかですが時間があります。その間に行っておきたいのが、首を振って周囲の状況を確認しておくこと。この作業を怠っていると、バックパスに対して相手がプレッシャーをかけてきたとき、大きく蹴り出すことしかできなくなってしまいます。

GKに相手がプレッシャーをかけてきたということは、ピッチ上のどこかに必ずフリーの選手が生まれているということです。

パスを受けるまでに首を振っておくことでフリーになっている選手や、空いているスペースを見つけることができれば、ボールを受けてからパスを出すまでの時間が短縮されます。

権田POINT

まずは逆サイドを見る

首を振るときに見ておくのは、まずは逆サイドです。ボールと反対側には比較的スペースが空いていて、フリーの選手を見つけやすいからです。余裕があれば、前方のスペースなども確認しましょう。

ファーストタッチはスペースに運ぶ

01

ファーストタッチを足下に止めず、スペースに運びます

2

相手が寄せて来る前に、パスを出すことができます

「止める」ではなく「運ぶ」イメージ

バックパスを受けるときに、気をつけてほしいのが、ボールを止めないことです。

ピタッとボールを止めてしまうと、ボールを止める→スペースに持ち出す→ボールを蹴るという3段階の動作になるので時間がかかってしまいます。

ファーストタッチでスペースにコントロールできれば、ボールを運ぶ→ボールを蹴るという2段階の動作になるので、相手にプレッシャーをかける時間を与えません。

ファーストタッチで運ぶ方向は基本的にはボールが来たほうと反対側です。こうするとカラダが自然と開くので、視野の確保もしやすくなります。

× 1

ファーストタッチを足下にピタッと止めてしまいます

2

相手のプレッシャーをまともに受けてしまいます

権田修一のコーチング論 7

column

ベンチでは盛り上げ役じゃなくてもいい

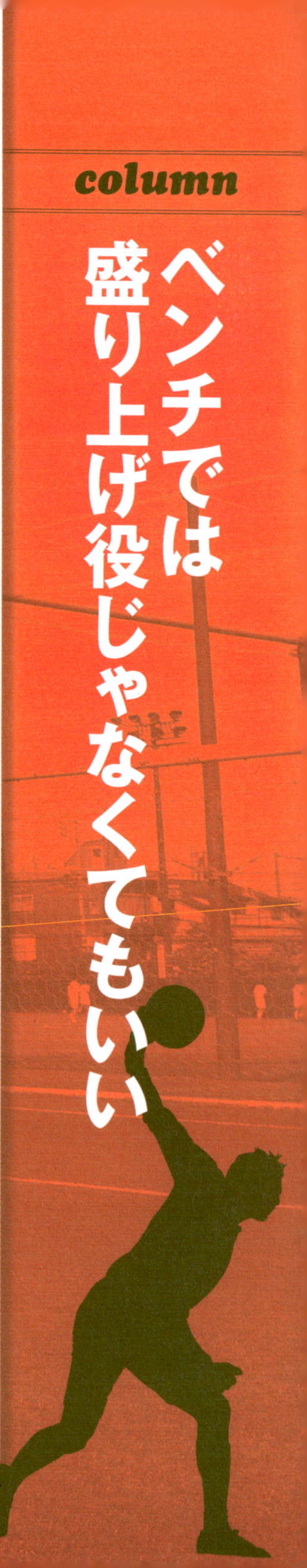

当たり前ですが、ＧＫのポジションはチームに１つしかありません。

他の選手が出場したときは、ベンチから試合を見守ることになります。ベンチにいるとき、どんなことをしておくべきでしょうか。僕は、試合を客観的に見るようにしています。

見ているのは、相手の選手はどんな特徴を持っているのか、どうやってゴールを狙っているのか、といったところ。ベンチから声を出して盛り上げるというタイプの選手もいるかもしれませんが、僕は声を必要以上に出さなくても良いと思っています。

なぜなら、控え選手の役割というのは、ベンチにいることではなく、試合に出たときにしっかり仕事することだからです。

特に、控えＧＫが途中出場するときは、ＧＫに怪我や退場などのアクシデントがあった場合がほとんどです。ＧＫが退場になるのは決定的なピンチをファウルで阻止したと判定された場合なので、出たらすぐにＰＫや、ペナルティーエリアのすぐ外からのフリーキックということも珍しくありません。

特殊な状況で、すぐに試合に入っていくためには、ベンチに座っていても、試合に出ているＧＫと同じように、味方のことや相手のことをよく観察することが重要です。

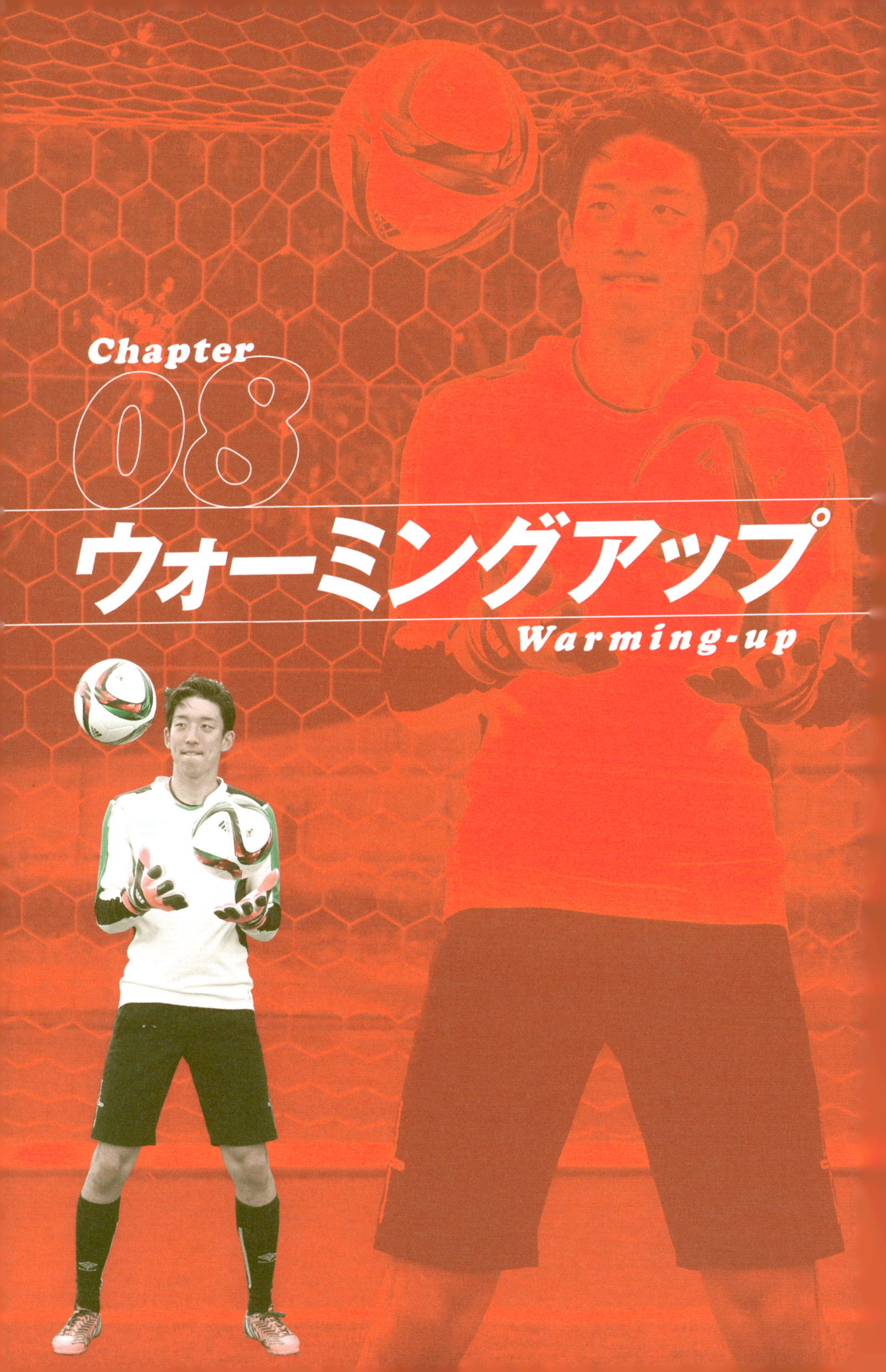

Chapter

08

ウォーミングアップ

Warming-up

Chapter 8

Warming-Up

試合を想定してアップをしよう!

日本にはまだ専門のＧＫコーチがいるチームは多くありません。そのため、ＧＫの選手が十分な練習ができていないという悩みを聞くこともよくあります。ここでは、僕が実際に行っているウォーミングアップのメニューを紹介したいと思います。

大事なのは、自分がやっているメニューが試合のどの状況を想定したもので、何のためにやっているかを正しく理解することです。それをせず、漫然とこなしているだけでは、「試合のための練習」ではなく「練習のための練習」になってしまいます。

ＧＫというのは、ジャンプして地面に倒れたり、空中で相手と接触したりするなどの激しいプレーが日常茶飯事です。しっかりとウォーミングアップをして試合に臨まなければ、怪我につながる確率が極めて高いポジションです。

ほとんどウォーミングアップをせずに、いきなりグラウンドに入ってシュートを受けた

り、1対1をやったりしていませんか？　それは絶対にやめて下さい。

十分なウォーミングアップをしなければ、パフォーマンスは上がりませんし、何よりも怪我をしやすくなります。GKが怪我をしたら、チームはどうなるでしょうか。自分が悔しいだけでなく、チーム全体に迷惑がかかってしまいます。GKは「怪我を予防する意識」を高く持たなければいけません。

今回、紹介したウォーミングアップには、

・ボールフィーリング
・上半身ストレッチ
・下半身ストレッチ
・キャッチング&セービング
・ステップワーク
・クロスボール

など、複数の要素が入っています。ぜひ試してみて下さい。

Menu 01

ストレッチ
左右5回ずつ

肩回し／後ろ→前

権田POINT

肩の稼働域を広げよう

ＧＫはスローなどで肩を使うことが頻繁にあるので、練習前に肩の稼働域を広げておくことが重要です。肩を痛めないように行いましょう。

トレーニングの進め方

カラダの後ろで持ったボールを前に回していき、逆側の手でキャッチします。これを右手→左手、左手→右手で繰り返します。

Menu 02

ストレッチ
左右5回ずつ

肩回し／前→後ろ

権田POINT

どちらも スムーズに

人によって前から後ろに回すのは得意だけど、後ろから前に回すのは苦手という人もいます。どちらもスムーズに行えるようにするのが理想的です。

トレーニングの進め方

カラダの前で持ったボールを後ろに回していき、逆側の手でキャッチします。これを右手→左手、左手→右手で繰り返します。

Menu 03

ストレッチ
左右5回ずつ

腰回し

権田POINT

腰の稼働域を広げよう

横に大きくひねる動作をすることで、腰の稼働域を広げる目的があります。カラダが硬い人は、何度もやりながら徐々に広げていきましょう。

トレーニングの進め方

カラダの正面でつかんだボールを、片手で持ちながら横方向に腰をひねります。伸ばしたところから前に戻し、逆側も行います。

Menu 04

腕回し

ストレッチ
左右5回ずつ

権田POINT

ボールを しっかりつかむ

普通のストレッチとの違いは、ボールを手で持っていることです。ボールフィーリングを高めるためにも、片手でしっかりとつかみましょう。

トレーニングの進め方

片手でボールを持ってカラダを伸ばし、半円を描くように持ち上げる。頭の上で持ち替え、そのまま同じようにカラダを伸ばす。

Menu 05

ストレッチ
左右5回ずつ

前足上げ

権田POINT

足をしっかりと伸ばす

スピードよりも1回1回の足上げがおざなりにならないように、しっかりと伸ばすことが大事です。ほぐれてきたらボールの位置を上げます。

トレーニングの進め方

両手でボールを持って、胸の前に掲げます。片足を高く上げて、手で持ったボールにタッチします。これを両足で交互に行います。

Menu 06

横足上げ

ストレッチ
左右5回ずつ

権田POINT

片足でバランスをとりましょう

足はできるだけ高い位置まで上げます。片足立ちになるのでフラつかないように、地面に着いているほうの足でバランスをとりましょう。

トレーニングの進め方

両手でボールを持って、胸の前に掲げます。片方の足をカラダの横に高く上げて、空中で停止します。これを左右交互に行います。

Menu 07

ストレッチ
左右5回ずつ

クロス足上げ

権田POINT

腰と股関節のストレッチ

腰と股関節のストレッチ効果があるメニューです。ボールを手前に引きつけながら、足を高く上げることで、腰をしっかりひねることを意識します。

トレーニングの進め方

両手でボールを持って、顔の横に掲げます。ボールをナナメ下に引き込みながら、ボール側の足を高く上げ、カラダに引きつけます。

Menu 08

足回し

ストレッチ
左右5回ずつ

権田 POINT

足で円を描くイメージ

足を内側に引き込んでから、円を描くようなイメージで外に回します。横に足を開いたときは膝を高く上げると、股関節が大きく広がります。

トレーニングの進め方

両手でボールを持って、胸の高さに掲げます。片方の足を内側に引き込んでから、外側に回して開きます。これを左右交互に行います。

Menu 09

ボールフィーリング
8〜10回

股通し

権田POINT

リズミカルに行おう

最初はゆっくりで大丈夫なので、慣れてきたらスピードを上げましょう。ボールをキャッチした後、手からこぼれてしまわないように気をつけます。

トレーニングの進め方

足を肩幅より少し広めに開いて、前屈みになります。片手で持ったボールを股に通し、反対側の手でキャッチ。これを交互に行います。

Menu 10

ボールフィーリング
8~10回

股スイッチ／クロス

権田POINT

ボールを軽く浮かせる

空中にあるボールを離すときに、軽く浮かせると、キャッチしやすくなります。ボールを両手でしっかりとキャッチすることを心掛けましょう。

トレーニングの進め方

足を肩幅より少し広めに開いて、前屈みになります。股の間で持ったボールを離し、落ちる前に前と後ろを入れ替えてキャッチします。

Menu 11

股スイッチ／前後

ボールフィーリング
8~10回

権田POINT

カラダの後ろでボールをつかむ

カラダの前でボールを触るのは簡単ですが、カラダの後ろは見えづらく、手を回しにくいので、ボールをキャッチする感覚をつかむことが大事です。

トレーニングの進め方

足を肩幅より少し広めに開いて、前屈みになります。足の前で持ったボールを、股を通して後ろに投げ、素早く両手でキャッチします。

Menu 12

ストレッチ/
ボールフィーリング
3回

背中落とし

権田POINT

背中を伸ばす

背中のストレッチ効果があるメニューです。しっかりと背中を反らしてボールを落とさないと、弾んだボールが前に出てきません。

トレーニングの進め方

頭の上でボールを持ちます。カラダを後ろに反らせてからでボールを落とします。バウンドしたところをカラダの前でキャッチします。

Menu 13

ストレッチ/ボールフィーリング
3回

背中浮かし

権田POINT

スナップを利かせる

ボールを投げるときは、手のスナップを利かせて、カラダの前に持ってくるようにします。ボールを投げた後は、素早くカラダを起こしましょう。

トレーニングの進め方

カラダの前でボールを持ちます。ボールを持ったまま股を通し、ボールを高く浮かせます。カラダを起こして素早くキャッチします。

Menu 14

ストレッチ/ボールフィーリング
3回

ひねりキャッチ

権田POINT

ひねりをスムーズに

カラダをしっかりとひねらないと、ボールに手が届かずに落としてしまいます。上半身と下半身を連動させたスムーズな重心移動がポイントです。

トレーニングの進め方

手の上にボールを乗せ、ひねった状態からスタート。ボールを手から離して、逆回りにカラダをひねって落ちる前にキャッチします。

Menu 15

お手玉キャッチ

ボールフィーリング
目標20回

権田POINT

ボールをよく見て

ボールフィーリングを高めるとともに、ボールをしっかりと見るトレーニングにもなります。自宅でも気軽にできるので合間の時間にやりましょう。

トレーニングの進め方

左のボールを浮かせたら、次に右のボールを浮かせ、お手玉します。両方の手でボールを持っている状態にならないようにします。

Menu 16

ボールフィーリング
目標20回

交互バウンドキャッチ

権田POINT

タイミングが難しい

ボールの弾み方は、微妙に違うので、上がってくるタイミングも毎回変わります。それを見極めながらキャッチする、落とす、を繰り返します。

トレーニングの進め方

右手でボールを弾ませて、バウンドする間に左手でボールを弾ませます。上がってきたボールを両手でキャッチし、また弾ませます。

Menu 17

ボールフィーリング
目標20回

同時バウンドキャッチ

権田POINT

タイミングを調整する

ボールの弾み方が変わるので、うまくバウンドさせ続けるためには、ボールをつかんでから再び落とすところでタイミングを調整することがコツです。

トレーニングの進め方

両手でつかんだボールを、同じタイミングで地面に落とします。上がってきたボールを両手でキャッチして、また同時に弾ませます。

Menu 18

片手お手玉キャッチ

ボールフィーリング
目標20回

権田POINT

右も左もやってみよう

利き手だけじゃなくて、苦手なほうの手でもやってみましょう。両方の手を同じように使えるようになれば、GKにとって大きな強みです。

トレーニングの進め方

両手でボールを2個持ち、軽く浮かせたところからスタート。片手でボールを落とさないようにキャッチ、浮かせる、を繰り返します。

Menu 19

ボールフィーリング
目標20回

片手バウンドキャッチ

権田POINT

バウンドを見極めよう

2つのボールが不規則に弾むので、最初のうちは数回程度がやっとでしょう。ボールのバウンドを見極めて、手を出すタイミングを考えましょう。

トレーニングの進め方

両手でボールを持って、地面に落とすところからスタート。バウンドするボールを片手でキャッチ、弾ませる、を繰り返します。

Menu 20

ウォーミングアップ
6~10回

キャッチボール

権田POINT

腰を使って投げる

ボールを受ける前に良い準備をしておきます。ただ投げるのではなく、試合をイメージし、腰を使って、相手が受けやすいボールを投げましょう。

トレーニングの進め方

2人で向かい合って、胸の高さぐらいのボールを投げ合います。右、左で交互に投げたり、ボールのスピードを変えたりしましょう。

Menu 21 キャッチボール（バウンド）

ウォーミングアップ
6~10回

権田POINT

ピッチ状態がわかる

試合前にやれば、その日のピッチ状態がわかります。ゴール前のどこにデコボコがあるのか、雨の日だったらどこがスリッピーなのかを確認します。

トレーニングの進め方

2人で向かい合って、バウンドするボールを投げてもらいます。手前でバウンドしたり、足下の近くでバウンドしたり変化をつけます。

Menu 22

キャッチボール（グラウンダー）

ウォーミングアップ
6～10回

権田POINT

ボールの正面に入る

試合を想定してボールの正面に入ってキャッチすることが大事です。ボールを投げ返すときも、適当に投げずに相手が受けやすいようにパスします。

トレーニングの進め方

2人で向かい合って、ゴロのボールを投げてもらいます。ボールを正面、左右に投げ分けてもらい、ステップしてからキャッチします。

Menu 23

ウォーミングアップ
6~8回

長座からキャッチ

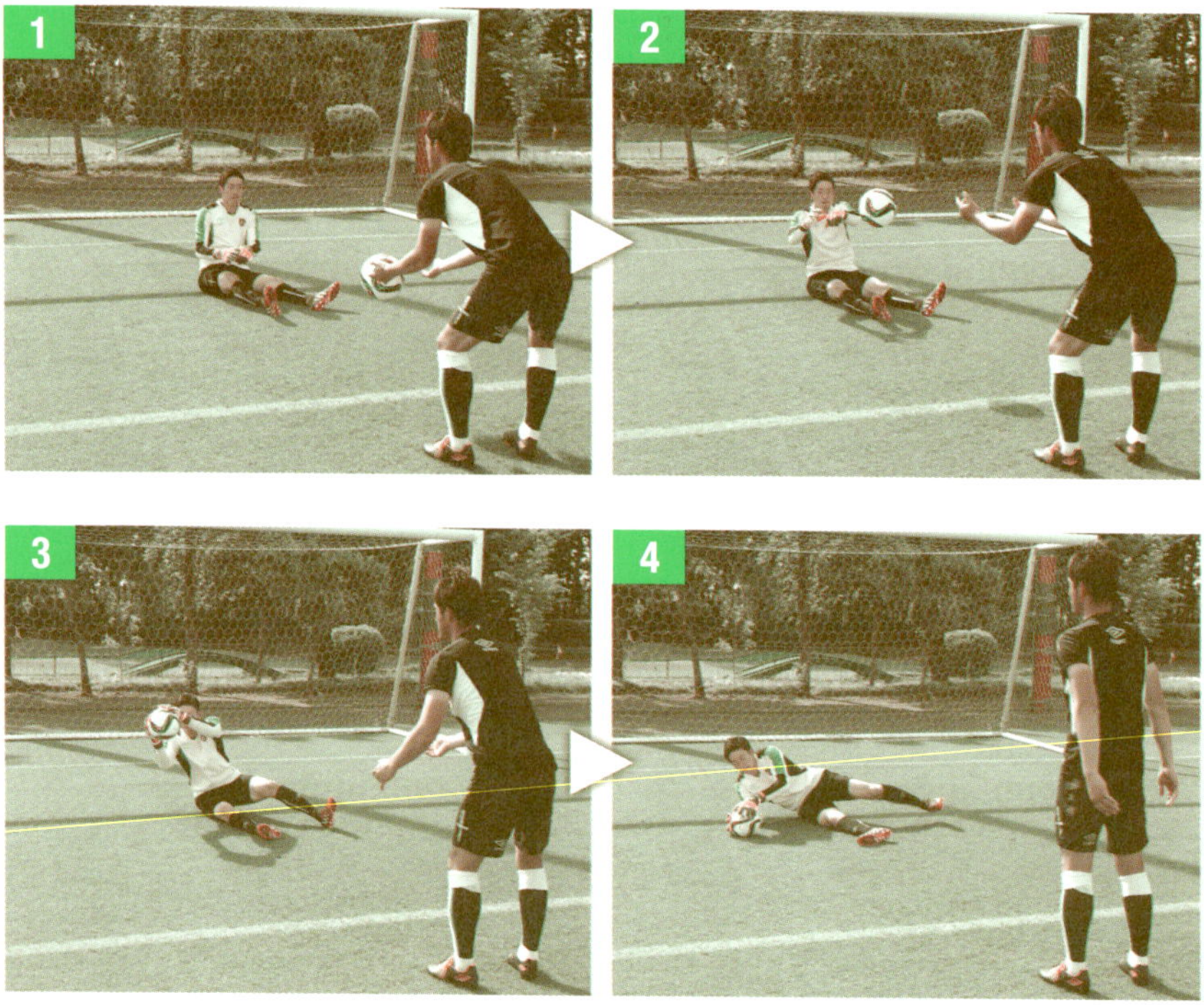

権田POINT

グラウンドが硬いときに

土のグラウンドなど地面が硬いときは、立った状態から倒れると痛いので長座がオススメです。できるだけ前でボールをキャッチしましょう。

トレーニングの進め方

2人一組で、ＧＫは足を伸ばして座った長座の状態になります。浮き球を投げてもらってキャッチして、そのまま横に倒れます。

Menu 24

ウォーミングアップ
6~8回

膝立ちから浮き球キャッチ

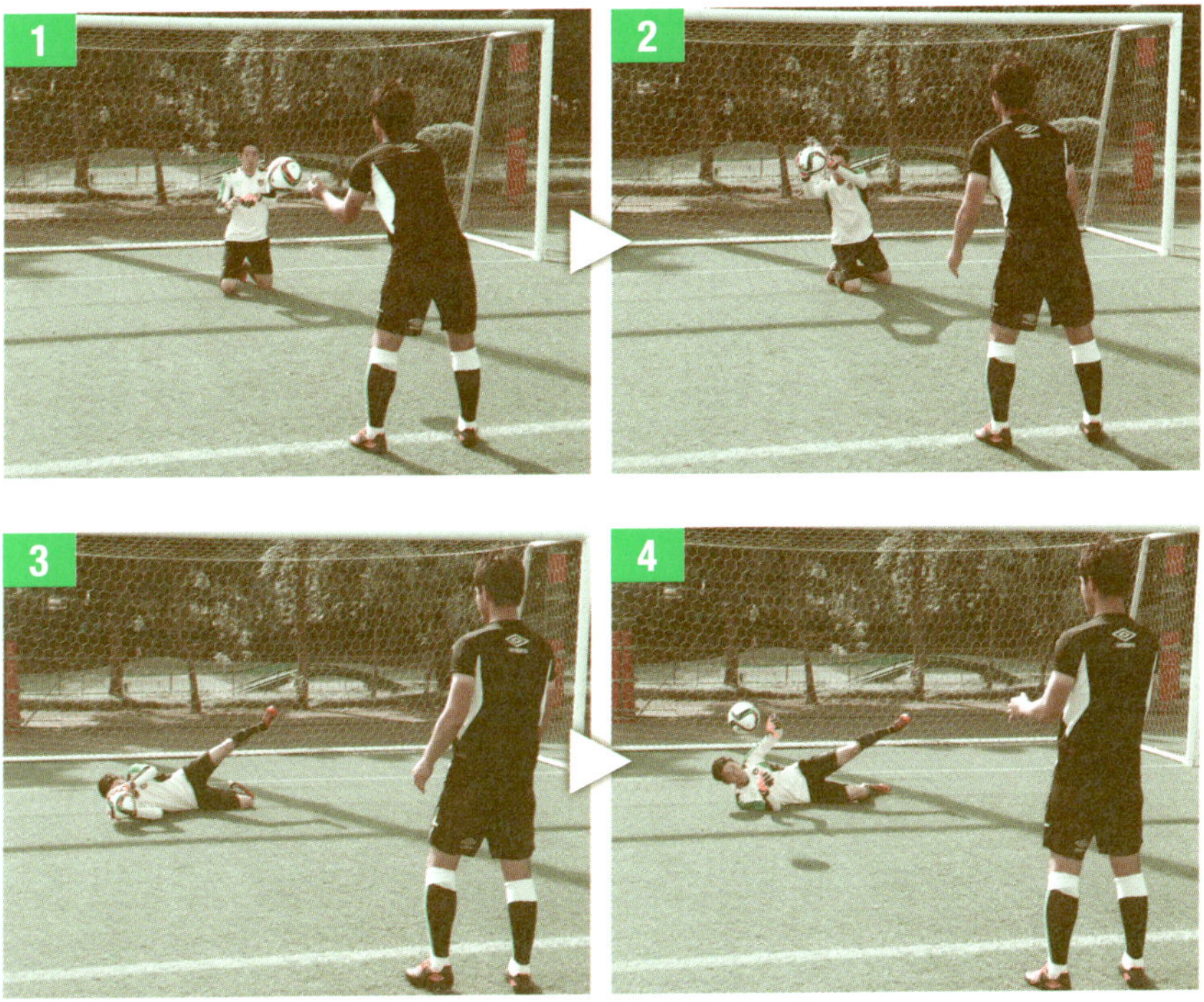

権田POINT

カラダから落ちるように

キャッチだけでなく着地の練習にもなります。ボールから最初に接地するのではなく、カラダから落ちる習慣をつけると、怪我をしにくくなります。

トレーニングの進め方

2人一組で、GKは膝立ちの状態で構えます。浮き球を投げてもらい、ボールをキャッチしながら倒れて、素早く起き上がります。

Menu 25

ウォーミングアップ
6~8回

膝立ちから ゴロキャッチ

権田POINT

低いボールは 下からアタック

グラウンダーのボールに対して、低い体勢から行きます。ポイントはできるだけ前で触ること。下からボールにアタックすることを心掛けます。

トレーニングの進め方

2人一組で、ＧＫは膝立ちの状態で構えます。グラウンダーのボールを投げてもらい、ダイビングしながらキャッチします。

Menu 26

膝立ちから バウンドキャッチ

ウォーミングアップ
6~8回

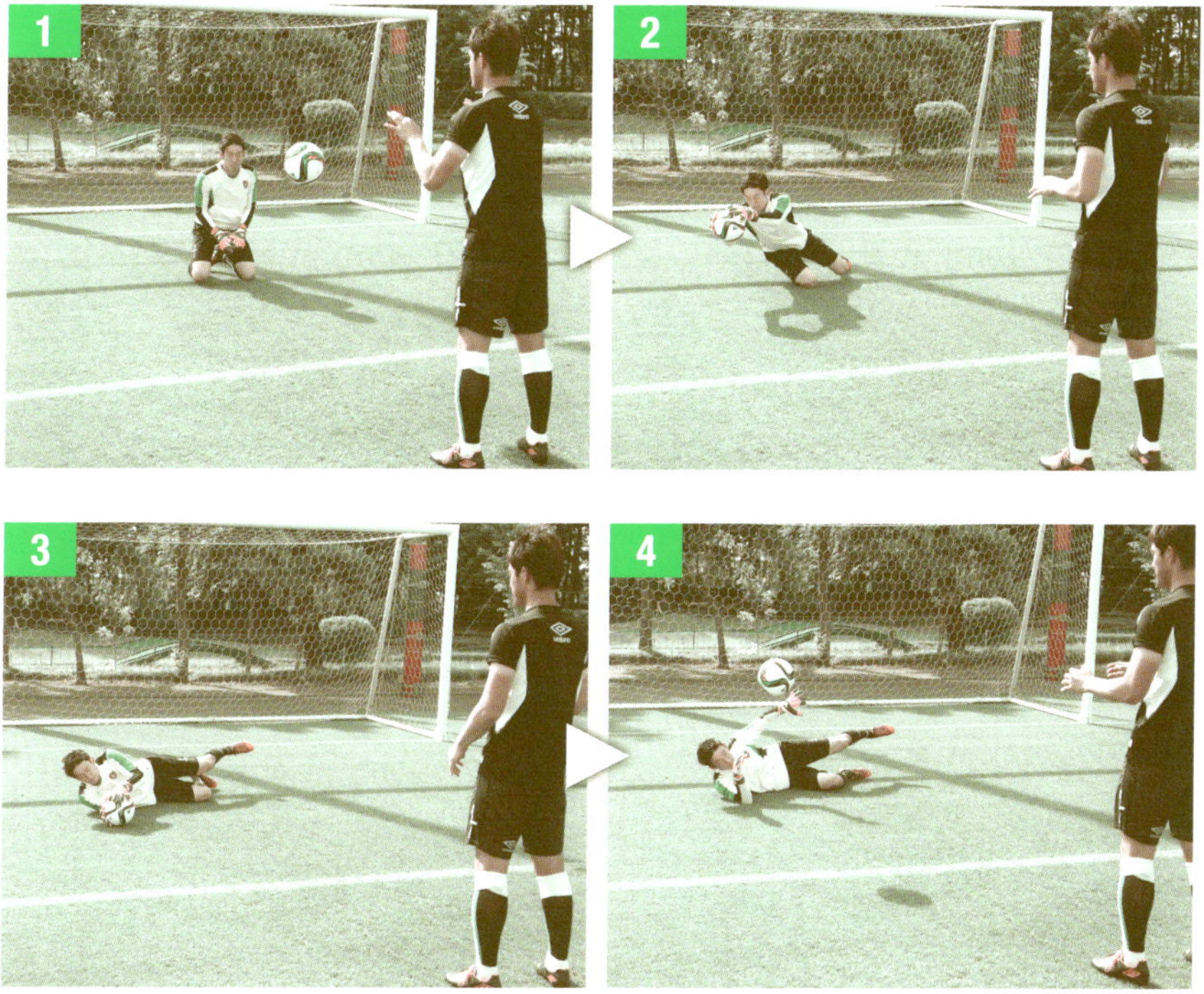

権田POINT

バウンドに対応する

バウンドするボールは軌道が変わるので、最後までよく見て、対応することが重要です。試合中のプレーをイメージしながら行いましょう。

トレーニングの進め方

2人一組で、GKは膝立ちの状態で構えます。手前でバウンドするボールを投げてもらい、地面から弾んだところをキャッチします。

Menu 27

ウォーミングアップ
6~8回

サイドステップから浮き球キャッチ

権田POINT

スピードを上げる

左右に振られても正面でキャッチすることを意識します。小学生までは投げてもらい、中学生以降は蹴ってもらってボールのスピードを上げましょう。

トレーニングの進め方

2人一組で、ＧＫはゴールの真ん中に立ちます。左右にライナー性の浮き球を投げてもらい、サイドステップからキャッチします。

Menu 28

ウォーミングアップ
6~8回

サイドステップから バウンドキャッチ

権田POINT

同時に複数のアクションを起こす

サイドステップを踏みながら、バウンドするボールの軌道を読んで、正面に入ってキャッチします。いろいろな種類のボールを投げてもらいましょう。

トレーニングの進め方

2人一組で、GKはゴールの真ん中に立ちます。左右にバウンドするボールを投げてもらい、サイドステップからキャッチします。

Menu 29

ウォーミングアップ
6~8回

サイドステップから ゴロキャッチ

権田POINT

キャッチ姿勢を 素早く作る

立った状態からグラウンダーのボールをキャッチするので、どれだけ素早くボールの正面に入って、キャッチ姿勢を作れるかが重要です。

トレーニングの進め方

2人一組で、GKはゴールの真ん中に立ちます。左右にグラウンダーのボールを投げてもらい、サイドステップからキャッチします。

Menu 30

ウォーミングアップ
4~6回

その場でジャンプからキャッチ

権田POINT

確実にキャッチする

その場でジャンプするときは、両足で踏み切ります。ボールを最後まで見ること、空中で構えを作って、確実にキャッチすることが重要です。

トレーニングの進め方

2人一組で、GKはゴールの真ん中に立ちます。バーの高さを目安に浮き球を投げてもらい、その場でジャンプしてキャッチします。

Menu 31 横移動ジャンプからキャッチ

ウォーミングアップ
4〜6回

1 2 3 4

権田POINT

一番高いところでキャッチする

最初から落下地点の真下に入るのではなく、ボールが落ちてくるポイントに合わせて助走をつけて、ジャンプの一番高いところでキャッチします。

トレーニングの進め方

2人一組で、GKはゴールの真ん中に立ちます。浮き球のボールを左右に投げてもらい、横移動からジャンプしてキャッチします。

Menu 32

ウォーミングアップ
4〜6回

前移動ジャンプから キャッチ

権田POINT

クロスの練習になる

ここでも一番高いところでキャッチすることを心掛けます。試合中にクロスが上がって来たときをイメージして、実戦感覚で行うことが大事です。

トレーニングの進め方

2人一組で、サイドから高く上がるボールを投げてもらいます。GKは前に出てから、助走をつけてジャンプしてキャッチします。

Epilogue
おわりに

ＧＫをやっていて、一番喜びを感じるのはどんなときですか？　ときどき、そんな質問をされることがあります。

僕の答えはいつも同じです。

決定的なシュートをビッグセーブで防いだとき？　違います。ＰＫでコースを完全に読み切ったとき？　違います。

答えは「チームが勝ったとき」です。勝利チームの一員としてホイッスルを聞いたとき、ＧＫとしての仕事を果たせたという達成感がこみあげてきます。

だから、どんなに自分の出来が良かったとしても、スーパーセーブを何回したとしても、チームが勝てなければ心から喜ぶことはできません。チームを勝たせるために、ＧＫとしてできることはあったんじゃないかと思ってしまうからです。

ＧＫは11人の中でただ1人手が使えて、「ゴールを守る」という特別な役割を担っています。その分、責任は大きいし、難しいポジションです。でも、だからこそ面白いし、勝ったときの喜びは格別です。

この本を読んだＧＫの選手たちには、一つひとつのプレーが、チームの勝利につながるという意識を持ってほしいと思います。ＧＫがパーフェクトな仕事をすれば、絶対にチームは負けないんですから。

Profile

出演選手

所属チームなどのデータは2015年現在

権田修一

Shuichi GONDA

1989年3月3日生まれ、東京都世田谷区出身。小学生からサッカーを始める。FC東京U-15、FC東京U-18を経て、高校3年生だった2006年に第二種登録選手としてトップチームに帯同。2009シーズンより正GKとして活躍し、同年には当時のJリーグ記録となる16試合完封を達成した。U-15時代から各年代の日本代表に選ばれ、2009年にはアジアカップ最終予選イエメン戦でA代表に初招集され、代表デビューを果たす。2012年にはロンドンオリンピックに正GKとして出場し、日本のベスト4進出に貢献。2014年にはブラジルワールドカップの日本代表メンバーに選出された。気迫溢れるプレーと闘争心、理論に裏打ちされた冷静な判断力を持ち合わせる日本屈指のGK。

山口康平
Kohei YAMAGUCHI

生年月日：1997年10月19日
出身：群馬県
身長/体重：184cm/79kg
出身チーム：高崎FC滝川→前橋FC→FC東京U-18
アピールポイント：恵まれた体格を活かし、積極的なコーチングで味方を活かす戦術的な守備力
代表歴：U－15日本代表候補、U—16日本代表

松嶋克哉
Katsuya MATSUSHIMA

生年月日1997年8月19日
出身：東京都目黒区
身長/体重：187cm/84kg
出身チーム：バディSC→FC東京U-15深川→FC東京U-18
アピールポイント：長身を活かした安定感あるプレーで最後尾から鼓舞

波多野豪
Go HATANO

生年月日1998年5月25日
出身：東京都武蔵村山市
身長/体重：195cm/82kg
出身チーム：武蔵村山1FC→FC東京U-15むさし→FC東京U-18
アピールポイント：恵まれた体格を活かし、ダイナミックなセーブでゴールを守る
代表歴：U－15日本代表候補、U—16日本代表

パーフェクトレッスンブック

サッカーGK《ゴールキーパー》の教《きょう》科《か》書《しょ》

監　　修　権《ごん》田《だ》修一《しゅういち》

取材協力　ＦＣ東京

STAFF

構　　成　北健一郎

編　　集　岡田圭佑（実業之日本社）

写　　真　高橋学

本文デザイン　雨奥崇訓・小林正俊

カバーデザイン　柿沼みさと

発 行 者　岩野裕一

発 行 所　株式会社実業之日本社
〒107-0062　東京都港区南青山6-6-22
emergence 2
[編集部]03-6809-0452　[販売部]03-6809-0495
実業之日本社ホームページ　https://www.j-n.co.jp/

印　　刷　大日本印刷株式会社

製 本 所　大日本印刷株式会社

ISBN978-4-408-45557-0　1508（7）